Wolfgang Achtner

# Predigten zum naturwissenschaftlichen Denken und spirituellen Erleben

Wolfgang Achtner

# Predigten zum naturwissenschaftlichen Denken und spirituellen Erleben

## Evolution, Mathematik, Spiritualität

Fromm Verlag

**Impressum / Imprint**
Bibliografische Information der Deutschen Nationalbibliothek: Die Deutsche Nationalbibliothek verzeichnet diese Publikation in der Deutschen Nationalbibliografie; detaillierte bibliografische Daten sind im Internet über http://dnb.d-nb.de abrufbar.


Bibliographic information published by the Deutsche Nationalbibliothek: The Deutsche Nationalbibliothek lists this publication in the Deutsche Nationalbibliografie; detailed bibliographic data are available in the Internet at http://dnb.d-nb.de.


Verlag / Publisher:
Fromm Verlag
ist ein Imprint der / is a trademark of
AV Akademikerverlag GmbH & Co. KG
Heinrich-Böcking-Str. 6-8, 66121 Saarbrücken, Deutschland / Germany
Email: info@frommverlag.de

Herstellung: siehe letzte Seite /
Printed at: see last page
**ISBN: 978-3-8416-0368-5**

Inhaltsverzeichnis

## Vorwort

Die christliche Theologie und damit die christliche Predigt sieht sich heute zwei Herausforderungen ausgesetzt. Die erste Herausforderung besteht in der Tatsache, dass heute die Theologie die Deutungshoheit und Handlungshoheit an die Naturwissenschaften abgegeben hat. Die großen Orientierung stiftenden Megaerzählungen der Christenheit von Schöpfung, Fall, Erwählung, Erlösung, Gericht und Vollendung haben heute in intellektueller Hinsicht den physikalischen Megaerzählungen von Big Bang und Big Crunch und den biologischen Megaerzählungen von Evolution, Zufall, Selektion und der zunehmenden Selbstoptimierung des Menschen in Gen-, Biotechnologie und Neuro-Implantaten Platz gemacht. Die zweite Herausforderung besteht in der zunehmenden Erlebniskultur unserer Gesellschaft. Die Menschen wollen auch in religiöser und existenzieller Hinsicht etwas erleben und erfahren. Der bloße Glaube scheint heute zu wenig, religiöse Erfahrung ist gefragt. Die Erlebnisdimension des Glaubens, sei es in meditativer Praxis, sei es in Stille, sei es in mystischer Ganzheitserfahrung, sei es in spiritueller Suche oder auch in einem zeitweisen Rückzug in klösterliche Abgeschiedenheit ist zunehmend ein Trend unserer Zeit, um der zunehmenden Beschleunigung aller Lebensverhältnisse und der daraus folgenen inflationären Zunahme psychischer Erschöpfung ein Gegengewicht entgegenzusetzen.

Was folgt daraus für die Theologie und Predigt? Für die Theologie folgt erstens daraus aus ihrer selbstverschuldeten intellektuellen Isolation im Konzert der Wissenschaften auszubrechen und die intellektuelle Auseinandersetzung zu suchen und so ihrer zunehmenden akademischen Marginalisierung zu entkommen. Sie muss diskursfähig bleiben in einer naturwissenschaftlich geprägten Welt. Die Theologiegeschichte lehrt, dass gerade die Zeiten, in denen sich die Theologie dieser Herausforderung stellte, besonders kreativ waren, sei es die Auseinandersetzung mit dem Platonismus bei Augustinus, mit Aristoteles bei Thomas von Aquin oder mit Immanuel Kant bei Friedrich Schleiermacher und Albrecht Ritschl. Zweitens folgt daraus für die Theologie die Struktur der religiösen Erfahrung zu klären – im Hinblick auf die Geschichtlichkeit religiöser Erfahrung, im Hinblick auf die verschiedenen Möglichkeiten einer Typisierung, im Hinblick auf möglicherweise anthropologische Konstanten und ihre kulturelle Überformung. Gerade auch der letzte Aspekt ist von zunehmender Wichtigkeit im Zeitalter der Globalisierung, in der der interreligiöse Dialog überlebensnotwendig geworden ist.

Beide Herauforderungen erwachsen aus einer gemeinsamen Grundproblematik – nämlich dass der Mensch sein Leben bewältigen muss. Er muss es bewältigen in Gestalt der Weltbewältigung und er muss es bewältigen in Gestalt der Selbstbewältigung. Die moderne Naturwissenschaft ist eine Form der handlungsorientierten intellektuellen Weltbewältigung, im Spätmittelalter erwachsen aus theologischen Grundsatzentscheidungen. Diesem nach außen gerichteten Handeln muss aber ein nach innen gerichtetes Wachstum entsprechen, soll der Mensch sich nicht in diesem Außen verlieren. Je mehr der Mensch vom Außen beanspruht wird, umso mehr muss er ein inneres Gegengewicht aufbauen. Gerade dies ist heute besonders wichtig geworden. Diese Innenweltorientierung als Kompensation der Außenweltorientierung ist traditionellerweise immer schon eine Domäne und eine Sache spiritueller Entwicklung und damit der Religionen gewesen. Äußeres Handeln und inneres Wachstum fordern sich gegenseitig. Daher habe ich beide Aspekte auch in dieser Predigtsammlung verbunden.

In den hier zusammengestellten Predigten habe ich versucht diesen beiden Herausforderungen in intellektueller und erfahrungsbezogener Hinsicht zu begegnen. Besonders erwähnen möchte ich die Predigt "Religion nach Darwin", die im Jahre 2005 mit dem Predigtpreis des Verlags der deutschen Wirtschaft ausgezeichnet wurde. Eingefügt habe ich auch meine Einführung in die Veranstaltung "Eine Mystische Nacht mit Meister Eckhart – Magister, Mystiker Manager", die am 26. August 2011 in der

Johanneskirche in Gießen ca. 1000 Besucher anzog. In dieser Veranstaltung ging es mir als Initiator darum, die Bedeutung der integralen Spiritualität Meister Eckharts für die Gegenwart auf unterschiedliche Weise erlebbar zu machen. Musik, Theater, Predigt, Podiumsdiskussion, Vorträge, Stille, Meditation und nicht zuletzt eine Videoinstallation von bildeten die Elemente der Vision, ein religiöses Gesamtkunstwerk zu schaffen, um die Teilnehmer als *ganze* Menschen zu erreichen – als Menschen, die in ihren äußeren handelnden Weltbezügen eine intellektuelle Orientierung bekommen und in ihrem inneren religiösen Erleben Stärkung erfahren.

*Gießen, September 2012*

*Wolfgang Achtner*

## Religion nach Darwin

### Psalm 8

Herr unser Herrscher, wie herrlich ist dein Name in allen Landen, der du zeigst deine Hoheit am Himmel.

Aus dem Munde der jungen Kinder und Säuglinge hast du eine Macht zugerichtet um deiner Feinde willen, dass du vertilgst den Feind und den Rachgierigen.

Wenn ich sehe die Himmel, deiner Finger Werk, den Mond und die Sterne, die du bereitet hast, was ist der Mensch, dass du seiner gedenkst und des Menschen Kind, dass du dich seiner annimmst?

Du hast ihn wenig niedriger gemacht als Gott, mit Ehre und Herrlichkeit hast du ihn gekrönt.

Du hast ihn zum Herren gemacht über deiner Hände Werk, alles hast du unter seine Füße getan.

Schafe und Rinder allzumal, dazu auch die wilden Tiere, die Vögel unter dem Himmel und die Fische im Meer und alles was die Meere durchzieht.

Herr unser Herrscher, wie herrlich ist dein Name in allen Landen.

Liebe Gemeinde,

*Sprecher:* Haben Sie sich schon einmal vorgestellt, wie es wäre, dort zu sein, wo sich alle Rätsel des Lebens, alle Welträtsel gelöst haben? Haben Sie sich schon einmal vorgestellt, dort zu sein, wo alle quälenden Fragen beantwortet werden, wo alle wissenschaftlichen Probleme mit einem gleichsam göttlichen Blick durchsichtig werden? Kurz gesagt, haben Sie sich schon einmal vorgestellt, in den Himmel zu kommen?

Nun, von der Kirche zu Himmel ist es zwar noch ein großer Schritt, aber stellen wir uns einmal vor, wir seien im Himmel und würden Zeuge der täglichen Arbeit dort oben. Dann könnten wir vielleicht folgendes erleben.

Wir befinden uns im himmlischen Thronsaal. Vor uns sitzt in würdiger Haltung Gott Vater, zu seiner Rechten sein Sohn, zu seiner Linken sehen wir einen flammenden Kraftstrom auf und nieder steigen, den Heiligen Geist. Hinter ihnen schweben die Erzengel auf und nieder und dahinter breitet sich das große Meer der frohlockenden Gläubigen aus. Wir werden nun Zeugen einer eindrucksvollen Begebenheit.

## Teil I

*Gott Vater:* „Ich begrüße Euch alle ganz herzlich zu unserer heutigen Sitzung. Mein Sohn", (*wendet sich Gott Vater an Christus*), „kannst du uns einmal die Losung zum heutigen Tag vorlesen?"

*Sohn:* „Aber natürlich, Vater". Christus kramt eine alttestamentliche Schriftrolle hervor und ließt vor: „Wenn ich sehe die Himmel, deiner Finger Werk, den Mond und die Sterne, die du bereitet hast, was ist der Mensch, dass du seiner gedenkst, und des Menschen Kind, dass du dich seiner annimmst? Du hast ihn wenig niedriger gemacht als Gott, mit Ehre und Herrlichkeit hast Du ihn gekrönt. Du hast ihn zum Herrn gemacht über deiner Hände Werk, alles hast Du unter seine Füße getan. Schafe und Rinder allzumal, dazu auch die wilden Tiere, die Vögel unter dem Himmel und die Fische im Meer und alles, was die Meere durchzieht. Herr unser Herrscher, wie herrlich ist dein Name in allen Landen."

*Gott Vater:* „Achja, der Psalm 8 ‚Was ist der Mensch', ich höre ihn immer wieder gern, und, wie ich sehe, passt er auch zu unserem heutigen Fall. Petrus, bring uns doch mal für die Sitzung das große Buch des Lebens."

*Petrus:* „Hier ist es, wir waren beim Buchstaben ‚D'."

Gott Vater, (*seufzt ein wenig*): „Richtig, zur Verhandlung steht heute an ‚Charles Darwin', ein schwieriger Fall, Petrus kannst du ihn holen"?

*Die Tür zum Purgatorium öffnet sich und herein tritt verlegen die Augen niedergeschlagen Charles Darwin.*

*Gott Vater:* „Guten Tag Charles – ich freue mich, Dich nun perönlich von Angesicht zu Angesicht kennen zu lernen. Was hast du mir als deine besondere Lebensleistung mitgebracht, was hast du aus deinen Talenten gemacht, die ich dir gegeben habe, als ich dich schuf?"

*Charles Darwin:* „Ich habe die Evolutionstheorie entwickelt, in der die Entstehung des Menschen aus der Natur erklärt wird."

*Gott Vater:* „Klingt interessant, kommt in dieser Theorie auch der Himmel vor, also der Ort, an dem du dich jetzt befindest?"

*Charles Darwin:* „Nein, es ist eine naturalistische Theorie, in ihr gilt sogar, was in der Bibel steht: ‚Von Erde bist du genommen, zu Erde sollst du wieder werden."

*Gott Vater wirft einen vielsagenden Blick auf seinen Sohn*

*Gott Vater:* „Und wie geht es Dir jetzt hier im Himmel?"

*Charles Darwin:* „Danke, besser als ich erwartet hatte."

*Gott Vater (lächelnd):* „Das freut mich, aber Du brauchst deine Augen nicht niederzuschlagen und Du kannst mich auch direkt anschauen und anreden, wie du siehst bin ich eine Person, wenn auch in dreifacher Gestalt."

*Charles Darwin:* „Das ist sehr freundlich, ich würde euch auch gerne persönlich anreden, aber da ich es in meinem Leben nie gemacht habe, weiss ich die angemessene Anrede nicht."

*Gott Vater:* „Aber Charles, du hast immerhin einige Semester Theologie studiert!"

*Charles Darwin (sichlich peinlich berührt) stottert herum:* „Ja, also, ähm, …hmm, na ja,..“

*Gott Vater:* „Schon gut, ich will da nicht weiter nachbohren.“

*Charles Darwin:* „Ich vermute, dass ich hier in einer Art Gericht bin, dann werde ich wahrscheinlich mit ‚Euer Gnaden' nicht ganz falsch liegen, oder?“

*Gott Vater (lächelnd):* „Gnade ist immer gut. Deine Anrede ist mir recht. Nun zur Sache. Also Charles, wir wollen uns ein wenig über dein Leben unterhalten und vor allem über das was du mit den Talenten gemacht hast, die ich dir anvertraut habe. Du bist also der legändere Naturforscher, der die Evolutionstheorie entwickelt hat, richtig“?

*Charles Darwin:* „Ja, euer Gnaden.“

*Gott Vater:* „Was hat dich dazu bewegt, diese revolutionäre Theorie zu formulieren?“

*Charles Darwin, (mit glänzenden Augen):* „Euer Gnaden, ich bin eine leidenschaftliche Forschernatur. Ich wollte meinen Beitrag zum Fortschritt der Wissenschaft leisten. Das hat meinem Leben Sinn gegeben. Dafür habe dafür keine Mühen und Kosten gescheut. Der Drang in die Weite hat mich auch auf meiner Forschungsreise auf der HMS Beagle um den halben Globus geführt, ich habe die ungeheure Vielfalt, …äh, … (*er zögert ein wenig*) ….eurer Schöpfung kennengelernt. Das hat mich so tief bewegt, dass ich verstehen wollte, woher dieser Formenreichtum kommt.“

*Gott Vater:* „Das sind sehr lobenswerte Motive. Aber sage mir, du hast doch in deinem Theologiestudium mit Eifer die Werke meines Dieners William Paley studiert. Er hat doch in seiner natural theology dargelegt, wie wunderbar angepasst ich die einzelnen Arten eingerichtet habe. Hat es dir nicht gereicht, von der Schönheit und klugen Einrichtung der Schöpfung auf den Schöpfer zu schließen, wie vielen anderen gläubigen Menschen auch“?

*Charles Darwin:* „Euer Gnaden, ich möchte Euch nicht zu nahe treten, aber Paleys Thesen schienen mir etwas zu kurzschlüssig und wissenschaftlich nicht haltbar, obwohl ich zugeben muss, dass ich von seinem Werk sehr profitiert habe.“

*Gott Vater:* „Du hälst also den Schluß von der Schöpfung auf den Schöpfer für nicht zwingend.“

*Charles Darwin (lächelnd):* „Euer Gnaden, selbst die Theologen wissen inzwischen, dass Gottesbeweise keine richtigen Beweise sind.“

*Gott Vater (etwas ärgerlich):* „Ja, ja, die Theologen, … was die nicht alles wissen! Aber ein bischen mehr Glauben und Gottvertrauen würde ihnen nicht schaden. Aber zurück zum Thema. Du hast die lange vertretene Theorie der Artkonstanz bestritten und an ihre Stelle die These gesetzt, dass Arten zeitweilig stabile Formen sind, die sich aber über sehr lange Zeiträume durch eine nicht gesteuerte Mutation und Selektion weiterentwickeln, richtig?“

*Charles Darwin (stolz):* „Ja, euer Ganden, genaus stelle ich mir die Evolution vor.“

*Gott Vater:* „Ich muss gestehen, lieber Charles, eine grandiose Idee, mutig, mit so langen Zeiträumen von vielen Millionen Jahren zu rechnen, das ist ja fast schon wie bei uns hier oben in der Ewigkeit, wenn auch eine schlechte Ewigkeit.“

*Charles Darwin:* „Ich brauchte diese langen Zeitläufe, damit sich kleine Veränderungen zu großen Veränderungen aufsummieren.“

*Gott Vater:* „Bei mir geht es etwas schneller - wenn ich wollte. Aber sag mir: Diese These hat dich doch in Konflikt mit der Kirche und ihren theologischen Lehren gebracht, was sagst du dazu.“

*Charles Darwin (atmet tief durch):* „Euer Gnaden, es war die Hölle auf Erden, diese Anfeindungen, vor allem dieser unsägliche Bischof Wilberforce, wie er versucht hat, meine wissenschaftlichen Theorien lächerlich zu machen. 1864 hat das katholische Lehramt unter Papst Pius IX mit dem Syllabus gegen meine sogenannten modernistischen Irrtümer gekämpft – 100 Jahre lang! Immerhin, meine Bücher wurden nicht auf den Index gesetzt. Aber, das muss ich auch sagen, die nordamerikanischen Protestanten unter der Führung von Reverend Josiah Strong waren zum großenTeil Befürworter meiner Theorie, im Gegensatz übrigens zu ihren Nachfahren, den Kreationisten, die die Evolutionstheorie sogar aus dem Unterricht verbannen wollen.“

*Gott Vater:* „Charles, deine Freunde, allen voran dein Bulldogge Huxley, aber auch dein deutscher Freund Ernst Haeckel, haben auch scharf geschossen."

*Charles Darwin:* „Ich hatte befürchtet, dass es Ärger mit der Kirche geben wird."

*Gott Vater:* „Nun Charles, ist das verwunderlich? Du hast an die Stelle eines gütigen, vorauswissenden Schöpfergottes ein blindes Spiel der Kräfte gesetzt, jedenfalls so wie man mich im 19. Jahrhundert verstanden hat. Das ist nicht gerade ein Evangelium und nicht sehr tröstlich."

*Charles Darwin:* „Ich muss gestehen, dass ich damals meine Zweifel an einem gütigen Schöpfergott hatte."

*Gott Vater:* „Ach, warum denn?"

*Charles Darwin:* „Euer Gnaden, ich habe nicht nur die Schönheiten der Natur gesehen wie die frommen Theologen unter Paley, sondern auch die Grausamkeiten. Was ist mit dem Kampf ums Dasein, in dem schon tausende von Arten unwiederbringlich ausgestorben sind! Wie soll ich an einen gütigen Schöpfer glauben, der Dinosaurier, Mammute, und andere Tierarten, ja auch Menschenarten wie z.B. die Neandertaler, einfach von der Bildfläche verschwinden lässt? Wie soll ich an einen gütigen Schöpfer glauben, der tag täglich unsagbares Leid der gequälten Kreatur, der Fressen und Gefressen werden zulässt? Das sind Fakten, euer Gnaden! Und außerdem…." *(Darwin zittert)*

*Gott Vater:* „Ja, was noch, Charles…?"

*Charles Darwin:* „Euer Gnaden, wenn ihr, wie ihr behauptet, ein gütiger und allmächtiger Gott seid, warum habt ihr dann meine geliebte Tochter, die fröhliche, begabte und unschuldige Annie im Alter von10 Jahren sterben lassen? Warum habt ihr mich und meine Frau Emma, die noch dazu schwanger war, monatelang um ihr Leben kämpfen lassen, nur um sie nach einem ständigen Wechselbad von Hoffnung und Verzweiflung kurz nach ihrem 10. Geburtstag doch sterben zu lassen? Ja, ich habe ihn selbst erlebt, den Kampf ums Dasein und den survival of the fittest! Warum also ließet ihr meine unschuldige Tochter Annie sterben, wenn ihr ein gütiger vorausschauender Gott seid?"

*Gott Vater ist sichtlich betroffen. Er räuspert sich.*

*Gott Vater:* „Charles, ich verstehe deinen Schmerz! Du wirst Annie wiedersehen, auch wenn Du nicht an ein Leben nach dem Tod geglaubt hast. Du hast auf Erden deine Forschungen mit den Finken begonnen und schließlich den Himmel den Spatzen überlassen. Deine gläubige Frau Emma hat mir über deinen Unglauben in dieser Hinsicht immer wieder unter Tränen berichtet – und, sie hat immer auch für dich gebetet".

*Charles Darwin, (gerührt):* „Ja, meine gute, gute Frau…, ist sie hier?"

## Teil II

*Gott Vater:* „Später. Mein lieber Charles. Wir müssen jetzt auf einen heiklen Punkt zu sprechen kommen. Du hast die Vorsehung eines gütigen Gottes durch einen Kampfplatz um das Überleben der Besten ersetzt. Du hast mir keinen Raum mehr gelassen in meiner Schöpfung. Und Leute, die eine wissenschaftliche Theorie mit der Wirklichkeit verwechseln und in Weltanschauung verwandeln, haben sich von deiner Theorie wichtige Anregungen geholt. Ich denke nur an Friedrich Nietzsche, der immerhin meinen Tod verkündet hat, ich denke an Ernst Haeckel, aber auch Karl Marx und Herbert Specer. Du warst zunächst gläubiger Unitarier, dann immerhin noch Deist, schließlich Agnostiker. Aber diese Herren waren unter Berufung auf dein Werk militante Atheisten und haben Millionen von Menschen verführt. Was sagst du dazu?"

*Charles Darwin:* „Ich kann nichts dafür, wenn andere Leute in mein Werk mehr hineinlesen als drin steht. Ich bin Naturforscher und über Gott, zumal den christlichen Gott, habe ich mich, zumindest öffentlich, immer nur sehr vorsichtig geäußert. Es lag mir fern, irgendjemanden von seinem Glauben abzubringen. Selbst als ich nach dem Tod meiner Tochter Annie den Glauben an dich verloren hatte, habe ich meine Familie immer noch bis zum Gottesdienst begleitet, die Kirche selbst allerdings nicht mehr betreten."

*Gott Vater:* „Ich möchte deine honorigen Motive nicht in Zweifel ziehen, mein lieber Charles, aber die Sache ist mit dem Atheismus noch nicht zu Ende. Denn wenn die Schöpfung und die Zukunft dem Planen und Handeln eines gütigen Gottes entwunden ist, dann liegt der Gedanke nahe, die Entwicklung der Evolution selbst in die Hand zu nehmen, also die natürliche Zuchtwahl durch künstliche Zuchtwahl zu ersetzen."

*Charles Darwin:* „Sicher, die Menschen haben schon seit vielen Tausenden von Jahren an Pflanze und Tier Züchtungen vonrgenommen."

*Gott Vater:* „Charles, du weichst aus. du weisst genau, was ich meine."

*Charles Darwin (wird rot):* „Ach so, ja, mein Vetter Francis Galton und mein Sohn Leonhard Darwin haben in diese Richtung gedacht."

*Gott Vater:* „Wir wollen präzise sein, Charles – hier wird alles offengelgt! Ich meine mit der künstlichen Zuchtwahl die Züchtung von Menschen, die Eugenik!"

*Charles Darwin schweigt.*

*Gott Vater:* „Du schweigst? Mit Recht! In Deutschland hat dein guter Freund Ernst Haeckel vorgeschlagen, behinderte Kinder sofort nach der Geburt zu töten, das würde die Evolution der Gesellschaft beschleunigen, meinte er. Er hat weiterhin vorgeschlagen, dass man Menschen mit Lepra, Krebst und Geisteskrankheiten schmerzlos töten sollte! Auch dein Vetter Francis Galton und dein Sohn Leonhard haben nicht nur in die Richtung der Eugenik gedacht, sondern auch Versuche unternommen, die Eugenik praktisch umzusetzen. Aufbauend auf ihre Vorarbeiten wurden später in Amerika Theorien über die Minderwertigkeit der schwarzen Rasse aufgestellt, ebenso über die Minderwertigkeit der Armen, übrigens in Fortführung der pseudotheologischen

Gedanken deines Bewunderers Reverend Josiah Strong. Man hat in Amerika gefordert, Arme und Schwarze zu sterilisieren – auch unter Zwang. Fünf amerikanische Präsidenten waren Befürworter der Eugenik, Teddy Roosevelt, William Taft, Woodrow Wilson, Calvin Coolidge und Herbert Hoover. Und was wurde mir von Teddy Roosevelt berichtet? Er schrieb: It is obvious that if in the future racial qualities are to be improved, the improving must be wrought mainly by favoring the fertility [org.:fecundity] of the worthy types. … At present we do just the reverse. There is no check to the fertility of those who are subnormal. Im Jahre 1928 schlug der Kommissionsvorsitzende der American Genetic Association Harry Laughin vor, die 10% der "inferior" Teile der amerikanischen Gesellschaft zu sterilisieren, um sie so auszumerzen ("eradicate"). Die großen amerikanischen Stiftungen, die Rockefeller Foundation und die Carnegie Foundation, haben eugenische Programme unterstützt, 1928 z. B. mit $325.000 mit einer grant zur Errichtung des neuen Gebäudes des Kaiser Wilhelm Institutes für Anthropologie, Eugenik und Genetik in Berlin. Auch als diese Forschungen unter der Regie der Nazis standen, floss der Geldstrom aus Amerika."

*Charles Darwin, (entrüstet):* „Das ist unfair, euer Gnaden, ich bin nie ein Rassist gewesen und habe dergleichen Dinge weder gedacht, noch gefordert. Im Gegenteil, in meiner Familie wurde aktiv gegen den Rassismus und gegen die Sklaverei gekämpft, das kann ich beweisen, hier schau auf diese Plakette."

*Zeigt die Plakette mit einem in Ketten gelegten schwarzen Sklaven mit der Aufschrift: „AM I NOT A MAN AND A BROTHER"*

*Charles Darwin*: „Und außerdem, ich habe meine Hausangestellten aus den unteren sozialen Schichten immer sehr menschlich behandelt, ihnen ein viel besseres Auskommen gewährt als viele meiner Bekannten aus der gentry. Selbst die Tiere hatten es bei mir gut, ich habe nie jemandem auch nur ein Haar gekrümmt."

## Teil III

*Gott Vater:* „Charles, ich weiß, du hast ein gutes Herz, dein Verhalten ist untadelig, dein Verstand aber hat dir gesagt, dass du die Grausamkeiten in der Natur nicht ignorieren darfst, auch sie müssen in die Theorie einfließen. Das hast du mit der Theorie von dem ‚survival of the fittest' versucht. Aber irgendetwas ist schiefgelaufen in der angemessenen theologischen Rezeption deiner Ideen."

*Charles Darwin:* „Euer Gnaden, ich hatte die Theologie auch nicht ohne Grund aufgegeben, nach dem ich eine bessere Erklärung der Entstehung der Arten gefunden hatte als mein theologischer Lehrer William Paley mit seiner natural theology. Die Reaktionen der Kirche und ihrer Theologen auf meine Theorie tat dann ein Übriges, um mich ganz von der Theologie zu verabschieden."

*Gott Vater:* „Charles, ich verstehe dich. Ich verrate dir jetzt ein Geheimnis. Ich sage dir: Ich bin deiner Evolutionstheorie gar nicht so abgeneigt."

*Charles Darwin:* „Euer Gnaden! Ach, das hätte ich nicht gedacht, wie kommst du dazu"?

*Gott Vater:* „Nun, es hängt letztlich mit meinem trinitarischen Wesen zusammen."

*Charles Darwin:* „Euer Gnaden, ich war einmal Unitarier, wir hatten Schwierigkeiten mit der Trintät, aber sage mir, was hat deine Heilige Trinität, die ich ja jetzt sehe, mit der Evolution zu tun. Das verstehe ich nicht, das geht mir zu schnell."

*Gott Vater:* „Ich weiss, auch die Evolution von Ideen braucht ihre Zeit. Ich möchte jetzt nicht in die Details gehen, um die Evolution mit meinem trinitarischen Wesen, genauer gesagt mit den opera ad extra, zu verknüpfen. Erst einmal müssen die Fehlentwicklungen korrigiert werden. Aber meine Theologen auf Erden machen in der Auseinandersetzung mit deinem Werk auch erst langsame Fortschritte. Gerade jetzt findet in der Evangelischen Akademie Arnoldsain eine Tagung zu diesem Thema statt."

*Charles Darwin:* „Ach wie schön, das freut mich."

*Gott Vater:* „Also was ist schiefgelaufen? Nun, ich denke, meine katholischen Diener haben zu lange an ihrer aristotelisch inspirierten Substanzontologie in ihrem Neothomismus festgehalten. Das hat sie intellektuell gehindert, das Werden der Schöpfung theologisch angemessen auszusagen."

*Charles Darwin:* „Ich wußte gar nicht, dass das Werden, also die Evolution, in der Theologie eine Rolle spielt, zu meiner Zeit wurde Gott immer in einem Atemzug mit irgendwelchen festgefügten ewigen Ordnungen in Verbindungen gebracht."

*Gott Vater (lächelt):* „Auch Theologen sind Kinder ihrer Zeit, Charles. Aber in der Zwischenzeit hat man von der Verurteilung des Lehramtes Abstand genommen. Mein Diener Pius XII hat in seiner Enzyklika *Humani Generis* von 1950 den ‚Evolutionismus' als ‚Ernst zu nehmende Hypothese' bezeichnet. Und mein Diener Johannes Paul II hat 1992 gesagt: ‚Heute, beinahe ein halbes Jahrhundert nach dem Erscheinen der Enzyklika, geben neue Erkenntnisse dazu Anlass, in der Evolutionstheorie mehr als seine Hypothese zu sehen'. Ja, lieber Charles, manche Theologen übertragen den Evolutionsgedanke sogar auf mich selbst und sagen heute sogar: ‚Gottes Sein ist im Werden'. Aber der Kreationismus, wie er vor allem in einigen protestantischen Lagern vertreten wird, ist natürlich Unsinn. Gerade die Protestanten, die doch die Bibel verstehen wollen, haben sie hier in ihrer pseudorationalistischen Schriftauslegung gründlich missverstanden. Ich sehe mit großem Scherz, dass in Italien gerade die Evoltionslehre aus dem Unterricht der öffentlichen Schulen verbannt werden soll, so wie schon mal in Kansas, in den USA. Das verlangt noch nicht einmal mein Diener, der Papst."

*Charles Darwin (ungläubig):* „Jetzt hast du mich aber neugierig gemacht. Du und dein Wirken sind doch ganz anders als ich mir das damals gedacht habe. Hat es denn auch einmal einen Versuch von Theologen gegeben, die Evolution positiv zu sehen?"

*Gott Vater:* „Sicher, mein Diener Teilhard de Chardin hat die Evolution insgesamt als ein göttliches Unternehmen interpretiert, und sogar meinen Sohn als Punkt Omega, als den Zielpunkt einer universellen, kosmischen Liebe eingebaut. Er ist weit über dich hinausgegangen, mein lieber Charles."

*Charles Darwin:* „Das ginge mir aber zu weit. Ich wollte nur die Evolution der Arten erklären. Die Evolution als göttliches Unternehmen zu sehen, ja, Gottes Wirken mit der Evolution gleichzusetzen, das scheint mir doch eine ziemlich vorschnelle gedankenlose Vereinnahmung meiner Theorie durch Theologen zu sein. Aber das ist man ja von denen gewohnt."

*Gott Vater:* „Sei nicht so streng Charles."

*Charles Darwin:* „Ich bitte um Vergebung, Euer Gnaden. Aber Eure für mich unerwartete positive Einstellung zur Evolution ermutigt mich, nun auch meinerseits Euch ein Geheimnis zu verraten."

*Gott Vater:* „Nämlich?"

*Charles Darwin:* „Nun, euer Gnaden, ich habe im Purgatorium wohin ihr mich ja verwiesen habt, meine Zeit genutzt, um mich mit einigen meiner Zimmergenossen zu unterhalten. Es waren sehr interessante Leute darunter, auch religiöse, z.B. Schamanen, Anbeter von Muttergottheiten, von solaren Gottheiten etc."

*Gott Vater:* „Und?"

*Charles Darwin:* „Sie haben mir von ihren Religionen erzählt. Und ich habe dabei entdeckt, dass ihre Religionen sehr gut mit meiner Theorie der Mutation und Selektion und Anpassung zusammenstimmen, ja dass Religionen sogar einen Überlebensvorteil bieten können, kurz gesagt, auch die Religionen unterliegen der Evolution."

*Gott Vater:* „Bravo, ich sehe, du hast deine Zeit im Purgatorium genutzt, das ist ja auch der Sinn der Sache. Aber nun erkläre mir das genauer, fasse dich aber kurz, wir haben nicht mehr viel Zeit."

*Charles Darwin:* „Euer Ehren, es ist eigentlich ganz einfach. Der Schamane kam aus der Gegen von Altamira und Lascaux. Er hatte dort in den Höhlen mit ihren wundervollen Malereien von wilden Tieren, die sie als göttlich verehrten, sein priesterliches Leben mit Jagdzauber zugebracht. Biologisch gesehen handelt es sich bei seinen kultischen

Zeremonien um Probehandlungen, die Zukünftiges handelnd anitzipieren. Sie sind natürlich den zu jagenden Tieren angepasst, auf diese Weise bieten sie einen Überlebensvorteil. Schamanismus macht unter dem Gesichtspunkt der Angepasstheit natürlich nur in einer Jäger- und Sammlerkultur einen Sinn. Daher ist er auch in den nachfolgenden Gesellschften und ihren Religionen wieder verschwunden."

*Gott Vater:* „Nicht ganz Charles, heute sitzen in den Industriegesellschaften die Manager als Freizeitschamanen in den Schwitzhütten, aber ok, in der Evolution gibt es ja auch Atavismen, weiter."

*Charles Darwin:* „In den nachfolgenden Ackerbaugesellschaften verliert der Schamane seinen Sinn, die Erde und die Jahreszeiten werden nun religiös wichtig. Daher entstehen Muttergottheiten, z. B. der Kult der großen Mutter, der magna mater. Man kann ihre Existenz in allen Ackerbaugesellschaften nachweisen. Sie sind unter dem Namen Ianna, Artemis, Diana, Kybele etc. bekannt, aber machen natürlich nur in einer Ackerbaugesellschaft einen Sinn, dortsind sie angepasst."

*Gott Vater:* „Nun ja, Blut und Boden, heilige Mutterschaft sind mir auch später noch begegnet, aber das will ich jetzt nicht weiter vertiefen, weiter."

*Charles Darwin:* „Ich komme zum letzten Punkt. In dem Maße, in dem die Stadtkultur entsteht, entstehen als Konkurrenz zu den Muttergottheiten der Ackerbaugesellschaften die solaren Gottheiten der hierokratischen Stadtstaaten, z.B. in Babylon. Ich kann zeigen, dass in Mesopotamien der solare Gott Marduk sich gegen die Muttergottheit Tiamat durchsetzt, in Ägypten der Gott Horus, schließlich als Sonnengott Amon Re reüssiert, ja, sogar bei den Atzteken kennen wir den Sonnengott Quetzacoatl. Kurz gesagt: Der Sonnengott repräsentiert das männlich-rationale Prinzip, das für die Organisation höherer sozialer Gebilde notwendig ist. Und der Gipfel dieser religiösen Entwicklung ist Ägypten … . Einer meiner Zimmergenossen im Purgatorium ist ein ehemaliger Pharao. Er hat mir erzählt, dass er einst als Gott angebetet wurde und so die Stabilität des Staates garantierte. Ohne Religion, dass kann ich heute sagen, wäre die Anpassung an die jeweiligen Lebensumstände nicht gelungen. Aber umgekehrt gilt auch, wenn sich eine Religion nicht den geänderten Bedingungen anpasst, geht sie unter, so wie viele Religionen und Götter ja bereits von der Bildfläche verschwunden sind, die Götter auf dem Olymp der griechischen Religion sind genauso verschwunden wie viele Naturreligionen – genauso übrigens wie die Dinosaurier von der Evolution ausgesondert wurden, das ist das unerbittliche, ja gnadenlose Gesetz der Evolution."

*Charles Darwin sieht Gott erwartungsvoll an.*

*Gott Vater (nach langem Schweigen und Nachdenken):* „Ich sehe Charles, du stellst die Religion ganz in den Dienst des 'survival of the fittest'. Du befragst sie nach ihrem Überlebensvorteil."

*Charles Darwin*: „Aber sicher, das ist doch der Sinn der Evolution."

*Gott Vater:* „Und wie steht es mit den Überlebenschancen des Christentums in der Evolution?" (*Gott Vater sieht seinen Sohn gedankenverloren an*).

*Charles Darwin:* „Nun, bereits Jesus von Nazareth, der Gründer des Christentums endete durch einen gewaltsamen Tod. Das ist evolutionär gesehen keine optimale Ausgangslage."

*Gott Vater schweigt, Christus schweigt, nur der Heilige Geist wendet sich um und wirft einen Blick auf die große Schar der frohlockenden Heiligen.*

*Gott Vater*: „Lieber Charles, unsere Zeit ist leider abgelaufen, wir müssen jetzt Schluss machen. Unsere Diskussion hat neue Einsichten gebracht und neue Fragen aufgeworfen und ich sehe, du hast in deinem Purgatorium dazugelernt. Trotzdem werde ich dich noch einmal ins Purgatorium zurückschicken dir aber drei Fragen für unser nächstes Teffen mit auf den Weg geben."

*Charles Darwin:* „Ich bin gespannt, Euer Gnaden."

*Gott Vater*: „Erste Frage: Wenn Religion, wie du meinst, lieber Charles, einen Überlebensvorteil bietet, was ist dann mit den Opfern dieses Überlebensvorteils. Ich kann noch präziser sein: Frage einmal deinen Zimmergenossen, den Pharao, ob er auch ‘das Schreien des Volkes der Hebräer in Ägyptenland gehört hat“, (*leise hinzufügend*): „So wie ich.“

*Gott Vater:* „Zweite Frage: Wie kannst du in deinem Evolutionssystem unterbringen, dass ich mich, obzwar sehr selten, Menschen offenbare, z.B. meinem Diener Mose, als ich ihm die 10 Gebote gegeben habe, von denen das erste zumindest keinen unmittelbaren Überlebensvorteil bietet.“

*Gott Vater:* „Dritte Frage: Was ist mit den Menschen, die durch ihre religiösen Überzeugungen, ihre Unangepaßtheit, Nachteile in Kauf nehmen mußten. Ich denke an meine Propheten, die man verfolgt hat, ich denke an die Märtyrer der Kirche, ich denke an Martin Luther King, der erschossen wurde, ich denke an Dietrich Bonhoeffer, der am Fleischerhaken endete, und schließlich auch an meinen Sohn.“, (*wendet sich zur Rechten und sieht Christus liebevoll an, streichelt seine Narben*).

*Gott Vater:* „So Charles, denke über diese Fragen bis zu unserer nächsten Zusammenkunft einmal nach, vielleicht ist der Mensch ja doch etwas mehr als eine Überlebensmaschine und hier nimm dir zum Studium das Alte Testament mit, mit dem hattest du ja auf Erden deine Schwierigkeiten.“

*Gott Vater (wendet sich zur Rechten an Christus):* „Mein Sohn, ließ Charles doch noch mal die wichtigsten Teile aus der heutigen Losung, Psalm 8 vor.“

*Christus:* „Was ist der Mensch, dass du seiner gedenkst, und des Menschen Kind, dass du dich seiner annimmst. Du hast ihn wenig niedriger gemacht als Gott, mit Ehre und Herrlichkeit hast du ihn gekrönt.“

*Gott Vater:* „So sei es, danke mein Sohn. Auf Wiedersehen Charles, wir sehen uns wieder; der nächste bitte.“

*Charles Darwin:* „Gott befohlen, euer Gnaden.“

*Charles Darwin geht zurück ins Purgatorium. Unterwegs trifft er einen freundlichen älteren Herrn. Er reicht ihm die Hand und stellt sich vor.*

*Charles Darwin:* „Gestatten mein Herr, Charles Darwin, Naturforscher, ich habe die Evolutionstheorie entwickelt."

*Der freundliche ältere Herr nimmt Haltung an und erwidert:* „Angenehm, Dr. Josef Mengele, Arzt."

*Dr. Josef Mengele begibt sich nun zu an die Stelle vor Gott Vater, an der Charles Darwin gestanden hatte.*

*Gott Vater:* „Guten Abend Josef, du hast einen schönen biblischen Namen, der Vater meines Sohnes hieß auch Josef. Was hast du mir als deine besondere Lebensleistung mitgebracht, was hast du aus deinen Talenten gemacht, die ich dir gegeben habe, als ich dich schuf?"

*Dr. Josef Mengele:* „Ich habe den Mechanismus der Selektion, den Charles Darwin in der Natur entdeckt hatte, auf die menschliche Kultur übertragen und so die Evolution, die kulturelle und geistige Höherentwicklung der Menschheit beschleunigt."

*Gott Vater schweigt und sieht seinen Sohn an, Charles Darwin erschaudert und geht zurück ins Prugatorium*

*Die Predigt wurde auf der Tagung „Religion nach Darwin" in der Evangelischen Akademie Arnoldshain am 3. Oktober 2004 und in der Universitätskirche München (Markuskirche) mit verteilten Rollen und einer parallelen Powerpoint Präsentation gehalten. Im Jahre 2005 wurde sie mit dem Predigtpreis des Verlags der deutschen Wirtschaft in der Universitätskirche zu Bonn als beste deutsche Predigt des Jahres 2004 ausgezeichnet.*

## Darwin nach Religion[1]

### Psalm 8

Herr unser Herrscher, wie herrlich ist dein Name in allen Landen, der du zeigst deine Hoheit am Himmel.

Aus dem Munde der jungen Kinder und Säuglinge hast du eine Macht zugerichtet um deiner Feinde willen, dass du vertilgst den Feind und den Rachgierigen.

Wenn ich sehe die Himmel, deiner Finger Werk, den Mond und die Sterne, die du bereitet hast, was ist der Mensch, dass du seiner gedenkst und des Menschen Kind, dass du dich seiner annimmst?

Du hast ihn wenig niedriger gemacht als Gott, mit Ehre und Herrlichkeit hast du ihn gekrönt.

Du hast ihn zum Herren gemacht über deiner Hände Werk, alles hast du unter seine Füße getan.

Schafe und Rinder allzumal, dazu auch die wilden Tiere, die Vögel unter dem Himmel und die Fische im Meer und alles was die Meere durchzieht.

Herr unser Herrscher, wie herrlich ist dein Name in allen Landen.

Liebe Gemeinde,

stellen Sie sich einmal folgende Szene vor: Es ist Freitag abends, 20.00 hier in der Christuskirche. Die Kirche ist bis zum letzten Platz gefüllt, Pfarrer Warneck tritt vor den Altar und begrüßt die Gemeinde. Dann liest er Teile aus Psalm 8:

„Herr unser Herrscher, wie herrlich ist dein Name in allen Landen, der du zeigst deine Hoheit am Himmel. Wenn ich sehe die Himmel, deiner Finger Werk, den Mond und die Sterne, die du bereitet hast: Was ist der Mensch, dass du seiner gedenkst, und des Menschen Kind, dass du dich seiner annimmst? Du hast ihn wenig niedriger gemacht als Gott, mit Ehre und Herrlichkeit hast du ihn gekrönt. Du hast ihn zum Herrn gemacht

[1] Die Dialoge in dieser Predigt sind rein fiktiv

über deiner Hände Werk, alles hast du unter seine Füße getan. Herr unser Herrscher, wie herrlich ist dein Name in allen Landen."

Aber dann folgt kein Gottesdienst. Alle sind bis zum äußersten gespannt. Eine gewisse Nervosität liegt in der Luft. Vorne im Altarraum wird noch etwas gewerkelt. Man baut auf, Kabel liegen herum, Tische werden hin und hergerückt, Lampen grell und heiß strahlen in das Kirchenschiff und vor den Altar. Man rüstet zu einer Talk Show mit Johannes B. Kerner vom ZDF. Pfarrer Warneck und ist sichtbar bemüht, die Ruhe zu bewahren.

Ja, das ZDF veranstaltet eine Talk Show. Selbstverständlich verspricht das hochkarätig besetzte Podium eine spannende und kontroverse Diskussion. Geladen sind: Der Philosoph Prof. Peter Sloterdijk, der Politiker Dr. Gregor Gysi, der Biologe Prof. Siegfried Scherer, der Mainzer Neurobiologe Prof. Christoph von Campenhausen, der Physiker und Kosmologe Prof. Bernulf Kanitscheider und der Psychotherapeut Prof. Horst Eberhard Richter. Und schließlich ist auch der neue Kirchenpräsident der EKHN, Dr. Volker Jung gekommen. Der Moderator Johannes B. Kerner hebt mit einem gewinnenden Lächeln nach der Begrüßung und Vorstellung der Talkrunde an:

*Kerner:* „Meine Herrn, Charles Darwin schrieb im Jahre 1859 am Ende seines Epoche machenden Buches *The Origin of Species by means of natural selection* den Satz ‚Licht wird fallen auf den Ursprung des Menschen und seiner Geschichte‘[2], und gut 20 Jahre später präzisierter er in seinem zweiten epochemachend Buch The *Descent of Man*, was er mit diesem Licht meinte. Nämlich, dass der Mensch in einem sehr langen Prozess der Evolution aus dem Tierreich entstanden sei und gemeinsame Vorfahren mit den Affen habe. Diese Theorie erregte die Gemüter, Darwin wurde in Karikaturen als Affe dargestellt, ein Bischof fragte seinen Freund und Anhänger Thomas Huxley, ob Darwin väterlicherseits oder mütterlicherseits vom Affen abstamme. Auch heute erregt Darwin mit seiner Theorie noch die Gemüter, macht er doch Aussagen auf Fragen über Herkunft

[2] „Light will be thrown on the origin of man and his history", Charles Darwin, The Origin of Species, Pinguin Classics 1985, S. 458.

des Menschen, die bis dahin von der Theologie beantwortet wurden. Wir wollen in dieser Talk Show Antworten auf zwei Fragen suchen. Erstens „Darwin und die Schöpfung – Macht die Evolutionstheorie Gott überflüssig“? Und zweitens suchen wir im Rahmen dieser Fragestellung eine Antwort auf die Frage, die schon im Psalm 8 gestellt wurde, ‚Was ist der Mensch‘. Herr Prof. Kanitscheider, wie sehen sie als Philosoph und Kosmologe die Herkunft des Menschen“?

*Kanitscheider:* „Wenn ich sehe die Himmel, den Mond und die Sterne, und die Unendlichkeit des Kosmos, dann kann ich als evolutionär denkender Kosmologe nur sagen: Der Mensch ist Sternenstaub, hat sich aus den erbrüteten Elementen von vielen untergegangenen Sonnen entwickelt. Aber dieses Universum ist taub gegenüber seiner Musik und gleichgültig gegenüber seinen Leiden. Er ist ein Zigeuner am Rande des Universums.“ Kerner nickt zufrieden und reicht das Mikrophon weiter an Peter Sloterdijk. Dieser antwortet:

*Sloterdijk:* „Nun, als Philosoph halte ich es mit meinem Kollegen Friedrich Nietzsche. Erstens, „Gott ist tot“, und zweitens „homo hominis lupus“, der Mensch ist dem Menschen ein Wolf. Ähnlich hat es ja auch Darwin gesehen und im Übrigen bin ich dafür, dass wir die Evolution selbst übernehmen, nichts mehr dem Zufall überlassen und einen Menschenpark mit genetisch optimierten Menschen errichten sollten“. Schmunzelnd meint Herr Kerner, dass Herr Sloterdijk immer für eine Provokation gut sei und fragt Gregor Gysi.

*Gysi:* „Naturlich“, meint dieser eloquent, „ist der Mensch aus der Evolution hervorgegangen, aber entscheidend ist doch, dass er ein gesellschaftliches Wesen ist. Und ich trete dafür ein, dass wir eine gerechte Gesellschaft errichten, in der es keine Ausbeutung durch gierige Finanzjongleure mehr geben wird.“

Das Mikrophon erreicht den evolutionskritischen Evolutionsbiologen Siegfried Scherer:

*Scherer:* „Als Evolutionsbiologe sehe ich durchaus die Grenzen der Evolutionstheorie. Ich meine sie reicht nicht aus, um die Herkunft des Menschen zu erklären. Nach meiner

Einschätzung geht der Mensch aus der Hand des Schöpfers hervor. Wir brauchen einen Gott, um die Entstehung des Menschen zu erklären."

Moderator Kerner atmet tief durch.

*Kerner:* „Herr von Campenhausen, wie sehen sie das als Neurobiologe?

*Von Campenhausen:* „Ich muss meinem Kollegen Scherer widersprechen. Ich finde durchaus, dass die Evolutionstheorie die Herkunft des Menschen aus dem Tierreich erklären kann. Sicher gibt es noch Erklärungslücken, aber das ist kein Argument, dafür gleich den lieben Gott einzusetzen. Das ist auch viel zu kleinlich von Gott gedacht. Gott ist kein Lückenbüßer für unser Unwissen. Gott ist kein Erklärungsfaktor in Raum und Zeit wie andere weltliche Faktoren, wie die Naturgesetze, er ist vielmehr die Voraussetzung für die Naturgesetze, er umgreift Raum und Zeit als Schöpfer."

Auch diese Antwort scheint dem Moderator nicht zu gefallen und er fragt den nächsten Teilnehmer, den Giessener Psychotherapeuten Horst Eberhard Richter.

Richter: „Ich bin ein alter Mann", hebt dieser an, „und in meinen jungen und wilden Jahren habe ich ein damals sehr erfolgreiches Buch geschrieben mit dem Titel *Der Gotteskomplex*. Ich wollte zeigen, dass der Gottesglaube den Menschen krank machen kann. Heute, am Ende meines Lebens, sehe ich das etwas anders. Ich meine der Mensch ist in erste Linie ein Wesen, das für sein Leben einen Sinn braucht. Den kann uns die Evolution nicht geben. Die Evolution ist ziellos und kann jederzeit wieder zurückfallen. Jeder Mensch braucht einen Sinn, das sage ich als Psychotherapeut, er ist mehr als ein höheres Tier zwischen Trieb und Trott, zwischen Fressen und Fortpflanzung, wie die Biologen meinen. Entweder müssen wir uns diesen Sinn selbst geben, oder – und das will ich nicht ausschließen – es gibt einen letzten Sinn in einem Gott. ‚Wenn es einen Sinn gibt', hat der Philosoph Ludwig Wittgenstein gesagt, ‚dann muss er außerhalb dieser Welt liegen', da ist was Wahres dran." Moderator Kerner ist erstaunt.

*Kerner:* „Meine Damen und Herren" beginnt er nun, „bevor ich nun dem neuen Kirchenpräsidenten der EKHN Dr. Volker Jung das Wort erteile, möchte ich noch unseren Überraschungsgast hereinbitten."

Ein Vorhang öffnet sich, eine leise Orgelmusik ertönt, ein Scheinwerfer so rund wie ein Heiligenschein wirft sein Licht auf eine langsam hereintretende, leicht gebeugte, mit schlurfenden Schritten sich nähernde Gestalt – Charles Darwin erscheint. Ist er es selbst? Ist es ein Double? Ist es ein Clon? Mein weiß es nicht. Er nimmt Platz, ein Raunen geht durch die Zuschauerrunde und mit einem leicht süffisanten Tonfall wendet sich Johannes Kerner an den neuen Kirchenpräsidenten.

*Kerner:* „Sehr geehrter Herr Kirchenpräsident, wir als ZDF sind zwar nicht für die Auferstehung von den Toten zuständig, aber es ist uns trotzdem gelungen, Charles Darwin für unsere Show zu gewinnen. Ihnen als Kirchenpräsident und Theologen gebührt natürlich die erste Frage an ihren ehemaligen Kollegen von der Theologie, Charles Darwin."

Nachdem sich der Kirchenpräsident vom Schock dieser Frage erholt und sich gefangen hat, kontert er mit folgender Antwort:

*Jung:* „Sehr geehrter Herr Kerner, wir als Kirche sind zwar nicht für Talkshows zuständig – gute Predigten sind uns da viel lieber – und wir sind auch immer noch der Ansicht, dass es wichtiger ist in den Himmel zu kommen als ins Fernsehen, aber ich freue mich natürlich nun die Gelegenheit zu haben, Charles Darwin eine Frage stellen zu können. Lieber Herr Kollege" hebt er an, sich an Darwin wendend: „Was meinen Sie denn selbst: ‚Macht die Evolutionstheorie Gott überflüssig?' Der scheue und introvertierte Gelehrte Charles Darwin schweigt einen Augenblick. Dann beginnt er mit seiner Antwort.

*Darwin:* „Nun, ich habe mir Gott immer so vorgestellt, wie ich es in der damaligen Theologie gelernt hatte. Wie einen Ingenieur, so hatte ich es von meinem theologischen Lehrer William Paley gelernt, als dieser Gott mit einem Uhrmacher verglich. So wie ein Uhrmacher mit einem vorgefertigten Plan seine Uhr macht, so macht Gott mit einem vorgefertigten Plan seine Geschöpfe. So habe ich das damals in der Theologie gelernt. Aber ich habe erkannt, dass die Mechanismen der Evolution auch ohne dieses Gottesbild auskommen. Es ist ja auch nur ein Bild von Gott. Und ich habe auch mal gelernt, man soll sich kein Bild von Gott machen. Vielleicht ist es ein falsches Bild. Ohne dieses Bild wäre ich allerdings niemals auf die Evolutionstheorie gekommen. Aber die Evolutionstheorie hat dieses Bild von Gott dann zerstört. Und das war vielleicht auch gut so. Denn vielleicht gibt es viel bessere Bilder von Gott als das des Uhrmachers. Und von Herrn von Campenhausen habe ich gehört, dass wir von Gott nicht zu klein denken sollen, nicht als Lückenbüßer, nicht als Ursache in Raum und Zeit, sondern als Schöpfer von Raum und Zeit, der seiner Schöpfung aber in Raum und Zeit die Freiheit der Entwicklung, die Freiheit der Evolution gibt. Als ich selbst noch in Raum und Zeit lebte, da habe ich in der Tat gemeint, dass man nichts über Gott wissen könne, ich wurde daher Agnostiker. Aber ich wollte natürlich niemandem seinen Glauben nehmen. Heute wo ich die Begrenzungen von Raum und Zeit verlassen habe, die Bedingungen unserer irdischen Existenz, und meine endgültige Heimat in der Ewigkeit gefunden habe, sehe ich, dass alle unsere Bilder von Gott, sehr vorläufig sind. Sie sind eben auch irgendwie in der Evolution und Kulturgeschichte entstanden, und manche sind gut und helfen dem Menschen auf seinem Weg zu Gott und manche sind nicht gut oder gar schädlich. Heute würde ich sagen, nachdem ich eines Blickes in Gottes Ewigkeit gewürdigt wurde, dass das Bild, das ich damals als Theologe an der Universität gelernt habe, falsch war. Und ich bin auch ein wenig stolz, dass ich geholfen habe, es überflüssig zu machen. Und um ihre Frage zu beantworten: Nein, die Evolutionstheorie macht Gott nicht überflüssig, aber wir müssen lernen, neu über Gott zu denken. Vielleicht ist Gott eher wie ein Künstler, der etwas Neues schafft und weniger wie ein Ingenieur."

Nach dieser unerwarteten Antwort von Charles Darwin gibt der Moderator zurück an den Kirchenpräsidenten.

*Jung:* „Herr Kirchenpräsident, müssen wir neu über Gott denken, müssen wir andere Bilder von Gott haben?"

Nun ist der Kirchenpräsident in seinem Element.

Jung: „Ja und nein" sagt er, „Wir haben ja Bilder von Gott in der Bibel, die den Menschen Gott nahe bringen. Ich denke da z. B. an den Psalm 23, das Bild vom guten

Hirten. Die Geborgenheit, die dieses Bild ausstrahlt, weist ja darauf hin, dass Gott diese letzte Geborgenheit angesichts der nicht abreißenden Krisen und Katastrophen dieser Welt ist. Und die Evolution ist ja nichts anderes als eine nicht abreißende Kette von Krisen und Katastrophen. Da ist der Glaube an Gott, der jenseits dieser Katastrophen steht, von unschätzbarem Wert für unser Überleben. Aber nicht nur dies, der Psalm 23 stellt auch Gott als jemanden vor, der den Weg des Menschen mitgeht, so wie die Evolution ja auch ein Weg mit ungewissem Ausgang ist. Selbst dort, wo wir selbst keinen Weg, und keinen Ausweg mehr sehen, im Schatten des Todes, im finsteren Tal, wie es in Psalm 23 heißt, sind wir in Gottes Hand."

Charles Darwin erhebt seine Stimme.

*Darwin:* „Ja, das kann ich bestätigen, nachdem ich einen Blick in die Ewigkeit werfen durfte." Und Moderator Kerner ergänzt:

*Kerner*: „Dann sollten wir uns diesen Psalm 23 mit seinem wunderbaren Gottesbild einmal anhören."

*Liedvertonung: „Der Herr ist mein Hirte" aus Antonin Dvorak, biblische Lieder, op. 99.*

*Kerner:* „Meine Damen und Herrn, wir kommen zum Schluss unserer Talkrunde. Wir haben von Charles Darwin eine eindeutige Antwort auf die Frage ‚Macht die Evolutionstheorie Gott überflüssig' gehört. Nun brauchen wir noch eine Antwort auf unsere zweite Frage: ‚Was ist der Mensch?' Wir haben bereits von unseren Experten verschiedene Antworten gehört. Herr Kirchenpräsident, wer hat recht und was sagt die Theologie dazu?"

*Jung:* „Nun, natürlich hat jeder der Teilnehmer einen wichtigen Aspekt genannt. Wir sind Kinder dieses Kosmos, wir sind Kinder der Evolution und natürlich auch der Gesellschaft. Und selbstverständlich brauchen wir auch einen Sinn! Alles das sind richtige Einsichten, aber sie sind nur Teilwahrheiten, Teilperspektiven. Und es kann gefährlich werden, wenn man in diesen Teilwahrheiten – wie oft mit katastrophalen

Folgen geschehen – die ganze Wahrheit sehen will, dann werden sie zu Ideologien, die den Menschen versklaven. Es kommt daher darauf an, eine Gesamtperspektive für den Menschen zu entwickeln.“ Der Moderator wird neugierig.

*Kerner:* „Und wie könnte diese Gesamtperspektive für den Menschen aussehen?“ fragt er zurück. Der Kirchenpräsident schmunzelt.

*Jung:* „Ich glaube“, hebt er an, „dass die Frage, ‚Was ist der Mensch‘ falsch gestellt ist. Richtig müsste die Frage lauten: ‚Was wird der Mensch sein‘. Und diese Frage, denke ich, kann tatsächlich nur die Theologie beantworten. Wir haben dieses Jahr ja nicht nur das Darwin Jubiläum, bitte mich nicht falsch zu verstehen“, wendet er sich an Darwin, „sondern auch das Calvin Jubiläum. Und der schreibt in seiner Institutio: Der Mensch kann sich selbst nur verstehen im Spiegel Gottes, Selbsterkenntnis und Gotteserkenntnis bedingen einander. Und genau das wusste auch der Verfasser von Psalm 8 als er fragte ‚Was ist der Mensch‘. Und entsprechend war seine Antwort: Du hast ihn wenig niedriger gemacht als Gott, mit Ehre und Herrlichkeit hast du ihn gekrönt. Der Mensch ist der Spiegel Gottes! Aber leider ist dieser Spiegel oft verschmutzt, man sieht nicht die Herrlichkeit Gottes im Antlitz des Menschen, sondern oft nur ein Zerrbild, verschmutzt und verzerrt.“ Nun wird Peter Sloterdijk unruhig und wirft als Sachwalter philosophischer Skepsis dem Kirchenpräsidenten einen verärgerten Blick zu.

*Sloterdijk:* „Herr Kirchenpräsident, ich will ihnen ja nicht zu nahe treten, aber was hat das alles mit Evolution zu tun, was Sie da sagen?“.

*Jung:* „Sehr viel“ antwortet der Kirchenpräsident, „in der Evolution geht es um das Überleben des einzelnen oder der Spezies auf dem Prinzip der Konkurrenz und Selektion, oft auf Kosten der anderen. Die Evolution hat nicht nur Gewinner, sondern noch viel mehr Verlierer. Was ist eigentlich mit denen? Es geht in der Evolution nicht um die Gotteserkenntnis des Menschen. Gott ist in der Evolution nicht vorgesehen. Das aber ist das große Angebot der biblischen Botschaft: Wir sind dazu berufen, Spiegel des Glanzes und der Herrlichkeit Gottes zu werden, beginnend hier auf Erden in der Zeit, vollendet bei Gott in der Ewigkeit. Damit wir das aber können, müssen wir Gott überhaupt erst einmal wahrnehmen. Das geht über die Evolution hinaus und ist auch nicht Bestandteil von ihr. Die Evolution hat uns mit Überlebensinstinkten ausgestattet, aber nicht mit der Wahrnehmungsfähigkeit für Gott. Deswegen müssen wir ja nun schon 2000 Jahre predigen, damit diese Wahrnehmungsfähigkeit für Gott überhaupt erst entsteht. Und wenn ich jetzt mal theologisch werden darf, das ist eine Sache des Heiligen Geistes, der uns auf Gott ausrichtet und uns empfänglich macht für Gott. Denn, und das möchte ich betonen: Gott ist gegenwärtig, und wir sind mitten in ihm."

Die Runde ist verblüfft. Gregor Gysi ist zum ersten Mal sprachlos. Peter Sloterdijk schaut schweigend in die Ferne, Horst Eberhard Richter sieht interessiert in Richtung Kreuz und Herr von Campenhausen jubelt innerlich. Johannes B. Kerner, der intelligente Moderator wirkt etwas hilflos. Schließlich ergreift der Kirchenpräsident noch einmal das Wort.

*Jung:* „Wir sind ja hier in einer Kirche, genauer in der Christuskirche. Sie ist benannt nach Jesus Christus, in dem sich die Herrlichkeit Gottes auf unverstellte Weise wiedergespiegelt hat. Hier in der Kirche können wir lernen, den nächsten Schritt in der Evolution zu tun, nämlich unsere Wahrnehmung für Gott zu schärfen, gegen die seelische und geistige Verrohung durch Konsum, Kommerz und Konkurrenz – und, bitte verzeihen Sie mir das Herr Kerner, die allgemeine Verblödung durch das Fernsehen. Denn Gott ist gegenwärtig – auch jetzt."

Und dann verwandelte sich – man weiß nicht wie, woher und warum – die geschwätzige Talkshow in einen Gottesdienst. Alle nahmen ihr Gesangbuch zur Hand und sangen: „Gott ist gegenwärtig."

*Diese Predigt wurde als Gastpredigt in der Christuskirche in Mainz im September 2009 im Rahmen einer Veranstaltungsreihe gehalten.*

## Der Traum vom vollkommenen Menschen

Matthäus 5, 48

Ihr sollt vollkommen sein, so wie euer Vater im Himmel vollkommen ist.

Liebe Gemeinde,

als Thema unseres heutigen Gottesdienstes haben wir gewählt: „Der Traum vom vollkommenen Menschen". Es wird sich jeder schon gedacht haben, dass mit dem Traum vom vollkommenen Menschen natürlich auch die Idee vom perfekten Roboter mit im Blick ist. Der perfekte Roboter – so ist es am Schluss des Vortrags von Prof. Mainzer angeklungen, wäre der Roboter, in den sich der Mensch inkarnieren kann. In ihm könnte er ohne Leid, in ewiger Jugend ewig leben. Ist der vollkommene Mensch der vollkommene Roboter? Jeder weiß – das hat der realistische Vortrag von Prof. Prassler deutlich gemacht – dass dieser Traum wenig über Robotik, aber viel über den Menschen aussagt. Da es den perfekten Roboter noch nicht gibt – den vollkommenen Menschen natürlich auch noch nicht – lassen Sie uns erst einmal bei uns selbst bleiben. Es könnte ja sein, dass die Idee des perfekten Roboters auch nur eine Variante des Traums vom vollkommenen Menschen ist. Fangen wir einmal ganz klein an! Hat dieser Traum vom vollkommenen Menschen irgendeine Bedeutung für unser alltägliches Leben?

Der Traum vom vollkommenen Menschen scheint zunächst sehr weit weg von unserem Alltag zu sein, Teil der philosophischen Lebensentwürfe wie in Platons Staat, oder Teil der Science Fiction Literatur, oder auch eine unausrottbare Vision idealistischer Weltbeglücker.

Aber dem ist nicht so. Ich möchte Ihnen zwei Beispiele geben, die verdeutlichen, wie der Traum vom vollkommenen Menschen auch im Alltag wirksam ist.

Erstes Beispiel: Vor ca. 25 Jahren erlebte ich in der Universitaet Frankfurt einen Physikprofessor, der den Physikstudenten am Beginn des Semesters folgendes einimpfte.
mit auf den Weg gab:
„Wenn Sie Physik studieren," so sagte er, „dann müssen Sie sich quälen, Tag und Nacht arbeiten, ständig den Stachel spüren, besser und noch besser zu werden, damit sie die tiefsten und höchsten physikalischen Erkenntnisse auch verstehen und vielleicht sogar noch verbessern. Sie müssen eine Leidenschaft fuer die Physik besitzen, in jeder Faser ihres Leibes muss der Antrieb zur Vollkommenheit am Werk sein." Das hat mich damals sehr beeindruckt. Ein Mensch, der nach Vollkommenheit strebte.

Zweites Beispiel: Am letzten Mittwoch unterrichtete ich Wirtschaftsethik aus theologischer Sicht an der Fachhochschule in Giessen. Ich teilte einen ca. einseitigen leichten theologischen Text aus und nach 10 Min. Lesezeit fragte ich eine Studentin: Was haben sie jetzt gelesen. Antwort: „Weiß ich net". Ich frage: „Was haben sie denn nicht verstanden?" Antwort: „Weis ich auch net". Ein Mensch, der ohne Zweifel nicht nach Vollkommenheit strebte.

Könnte es nicht sein, dass ein Teil unserer deutschen Misere damit zusammenhängt, dass wir dabei sind, die urdeutsche Tugend des Strebens nach Vollkommenheit in der Spaßgesellschaft um ein paar dummer Witze willen von Harald Schmidt und Thomas Gottschalk zu verschleudern? Vertauschen wir die Kulturnation mit der Spaßgesellschaft? Sind wir als Kulturnation dabei, Goethes „Wer immer strebend sich bemüht, den können wir erlösen", um ein bischen Ulk willen zu entsorgen? Sind wir dabei, als Techniknation das Prädikat „Deutsche Wertarbeit" zu entwerten? Werden wir

in Zukunft dem Standpunkt des genannten Physikprofessors wieder folgen, oder uns der Trägheit der genannten Studentin ergeben?
Soweit zum Stand unseres Vollkommenheitsstrebens. Was aber sagt uns die Bibel über den vollkommenen Menschen?

In der Bibel wird an einigen wichtigen Stellen ebenfalls unser Thema angesprochen. So sagt etwa Jesus in der Bergpredigt: „Ihr sollt vollkommen sein, so wie euer Vater im Himmel vollkommen ist". Das ist kein geringer Anspruch. Er sagt nicht: „Ihr sollt mittelmäßig sein", er sagt auch nicht, „Ihr sollt gut sein", noch sagt er: „Ihr sollt sehr gut sein", nein er sagt: „Ihr sollt vollkommen sein". Leider sagt Jesus nicht direkt, was er damit meint, welche Vollkommenheit er im Sinn hat und wie man diese Vollkommenheit erreicht.
Überlegen Sie einmal, was dieser Anspruch für ihr persönliches Leben bedeutet. Streben Sie Vollkommenheit an? Wenn ja, was wollen sie vervollkommnen? Oder fragen sie sich, wie sich das mit der christlichen Demut verträgt, oder meinen sie gar, dass das religiöser Wahn ist, der den Menschen krank macht, oder zumindest auf Abwege führt? Die letzte Ansicht kann man durchaus vertreten. Denn die Frage ist ja, was im Menschen soll denn vollkommen werden?

## Teil II
## Vollkommenheit in der Selbstbegrenzung

Ich möchte ihnen ein paar Besipiele nennen, in der das Streben nach Vollkommenheit durchaus fragwürdig ist.
Da ist die Geschichte von Narcissos, eines griechischen Jünglings von vollkommener Schönheit. Er schaut sein Spiegelbild in einem See an, verliebt sich in sich selbst, beugt sich immer näher zu seinem Spiegelbild, fällt in den See und ertrinkt. Selbstverliebtheit und Verlangen nach vollkommener Schönheit ist auch ein großes Thema unserer Zeit.

Das Spektrum der Schönheitsindustrie reicht vom Verkauf von Püderchen, Wässerchen und Tinkturen bis hin zur Schönheitsoperation – in allen ihren Varianten.
Oder denken Sie an das Verlangen nach vollkommener Jugend. Aus Amerika schwappt im Augenblick die Bewegung des Antiaging zu uns herüber. Sie verspricht Jungsein bis ins höchste Alter. Bleiben wir bei der Biologie: Es gab eine Zeit in Deutschland, wo man nach dem vollkommenen biologischen Menschen suchte. Er sollte blond und blauäuig sein, seine Kopfform sollte bestimmte Merkmale aufweisen. Heute versuchen Menschen, die sich selbst für vollkommen und unersetzlich halten, ein Klon von sich zu erzeugen, das vollkommene Abbild ihrer selbst. Es gab auch eine Zeit, als man den vollkommenen, den neuen Menschen im Sozialismus erziehen wollte. Er sollte das selbstlos und uneigennützig der Gesellschaft dienende Wesen werden. Wir wissen, was daraus geworden ist.
Sie merken, irgendetwas stimmt hier nicht. Hier ist das Streben des Menschen nach Vollkommenheit offensichtlich irgendwie auf Abwege geraten. Aber warum? Das verdeutlicht uns die Geschichte von Narcissos. Es ist seine vollkommene Bezogenheit auf sich selbst, sein Kreisen um sich selbst, das ihn ins Verderben gestürzt hat. Und auch die anderen Beispiele weisen dieses Merkmal ebenfalls auf, das Merkmal der Selbstbezogenheit ist allen diesen Beispielen gemeinsam. Und daher gehen diese Träume vom vollkommenen Menschen auch am Wort Jesu vorbei. Denn bei ihm heißt es ja: „Ihr sollt vollkommen sein, wie euer Vater im Himmel vollkommen ist." Wir sollen also, so Jesus, die Vollkommenheit Gottes, nicht unsere eigene anstreben. Was ist aber mit der Vollkommenheit Gottes gemeint? Dazu drei Beispiele.

## Teil III
## Vollkommenheit in der Selbstüberschreitung

Was damit gemeint ist, das erläutert der Kontext. Jesus sagt dieses Wort nämlich im Zusammenhang mit der Feindesliebe. In der gelebten Feindesliebe offenbart sich die

Vollkommenheit des Menschen. Frage: Wer tut das? Die Kirche? Sie hat Waffen gesegnet. Der Staat? Kein Kommentar. Jeder einzelne von uns?
Jesus gibt noch ein weiteres Beispiel. Ein reicher Jüngling kommt zu ihm und fragt ihn nach dem einem erfüllten Leben. „Meister", so fragt der junge Mann, „was muss ich tun, um das ewige Leben zu erlangen". Jesus antwortet: „Gehe hin, verkaufe all deinen Besitz und gib ihn den Armen." Frage: Wer tut das? Die Kirche? Sie sucht selbst händeringend nach Geld. Der Staat? Pleite. Die Reichen? Die wollen immer mehr.

Der Jüngling jedenfalls tat es nicht, er hatte, wie es heißt, viele Güter. Schließlich lesen wir beim Apostel Paulus in Römer 12, 2: „Und stellt euch nicht dieser Welt gleich, sondern ändert euch durch Erneuerung eures Sinnes, damit ihr prüfen könnt, was Gottes Wille ist, nämlich das Gute, und Wohlgefällige und Vollkommene." Sich nicht dieser Welt gleichstellen, sondern ständig die Erneuerung anzustreben, sich ständig zu ändern, gegen den Strom zu schwimmen, das legt uns hier Paulus nahe: Frage: Wer tut das? Die Kirche? Sie ist viel zu sehr mit sich selbst beschäftigt, als dass von ihr schöpferische Impulse ausgehen könnten. Außer moralischen Appellen, die nichts kosten, und billiger Gnade, die nicht weh tut, hört man selten etwas. Jeder Einzelne von uns?
Umkehr und Erneuerung geht immer vom Einzelnen aus! Jeder von uns kann dieser Einzelne sein.
Auch diese Beispiele für Vollkommenheit aus der Bibel haben eines gemeinsam: Es ist das Motiv der Selbstüberschreitung. Und zwar der Selbstüberschreitung im Hinblick auf etwas, was uns von Natur aus sehr fern liegt. Dass jeder Mensch empfänglich ist für Schönheit, ewige Jugend, eine gerechte Gesellschaft und perfekte biologische Konstitution, leuchtet jedem ein. Niemand hat etwas dagegen.
Aber Vollkommenheit als gelebte Feindesliebe, Vollkommenheit als radikaler Verzicht auf Eigentum, Vollkommenheit als ständige Erneuerung unseres Sinns, das geht uns wider die Natur, gegen unsere natürliche Ethik, gegen unseren seelischen Trieb zum Habenwollen, gegen unsere natürliche geistige Trägheit. Und es ist daher auch immer

mit Recht darauf hingewiesen worden, dass dies ja völlig unpraktikabel und unrealistisch sei und an der Wirklichkeit des Menschen vorbei ginge. Und so ist es auch: Wir lieben unsere Feinde nicht, wir geben wenig ab, wir sind träge.

Und doch liebe Gemeinde, zeigen uns diese Beispiele Jesu einen ganz wichtigen Aspekt unseres Menschseins, der wichtig ist für das, was menschliche Vollkommenheit sein könnte. Es ist dies unsere Fähigkeit zur Selbstüberschreitung, auch unsere Selbstüberschreitung im Hinblick auf das, was uns fremd oder unangenehm oder unrealistisch erscheint oder im Hinblick auf das, was wir aus unserem Leben gerne verbannen wollen oder dem wir gerne ausweichen. Und hier kann jeder von ihnen sicherlich in seinem Leben eine ganze Menge finden, das er durch Selbstüberschreitung in sein Leben hereinholen kann: Der eine muss in sein Leben die Begrenzung hereinholen und merken, dass Zuviel nicht gut ist. Der andere muss das Gegenteil tun, merken, dass mehr Engagement sein Leben vervollkommnet. Der eine muss die Gebrechlichkeit und Hinfälligkeit des Lebens akzeptieren, der andere muss in sein Leben die Einsicht hereinlassen, dass in jedem Menschen auch Selbstheilungskräfte schlummern, die es zu wecken und zu stärken gilt. Der eine muss lernen, Verdrängtes, Unangenehmes in seinem Leben zu akzeptieren und zuzulassen. Der andere muss lernen, nicht immer in der Vergangenheit zu wühlen, sondern Dinge auch einmal ruhen zu lassen.

Was immer es bei jedem von uns sein mag. Diese Fähigkeit von uns Menschen zur Selbstüberschreitung – auch im Hinblick auf das, was uns zunächst unangenehm scheint und wider die Natur geht – hat die Bibel im Sinn, wenn sie die Forderung an uns stellt, vollkommen zu sein. Diese Vollkommenheit ist kein krankhafter Perfektionismus, sie ist keine *brave new world*, sie ist kein technisches Utopia ohne Widerständigkeiten. Die Forderung nach Vollkommenheit ist eine Zumutung, aber auch eine Verheißung. Es ist eine Verheißung, weil sie uns unser eigenes kleines Ich vergessen lässt und unser Leben anbindet an etwas, was größer ist als wir selbst. Der vollkommene Mensch ist derjenige, der im Sinne der Bibel *tam* ist, ganz ist, d.h. auch das Negative in sein Leben hereingenommen hat. Wir neigen von Natur aus zur Nabelschau, aber wir sind von Gott berufen, unseren Horizont zu weiten, uns selbst zu überschreiten auf etwas Größeres hin. Wirkliche Künstler tun dies. Sie überschreiten sich selbst in ihrem Werk. Der Künstler ist nicht eine andere Art von Mensch, aber jeder Mensch ist eine andere Art von Künstler. Auch Sie sind alle potentielle Künstler – Lebenskünstler, wenn Sie immer wieder neu, ihre eigenen Begrenzungen überschreiten. Ich bin nicht sicher, ob zu dieser Selbstüberschreitung Roboter je fähig sein werden. Und daher kann ein Roboter vielleicht technisch perfekt, aber nicht vollkommen sein.

Ich möchte schließen mit einem letzten Gedanken. Wer sich im Sinne der Selbstüberschreitung in den Dienst einer größeren Sache stellt, wer sich auf diese Weise von der Nabelschau befreien lässt, wer auf diese Weise sein Ich vergisst, erlebt etwas Überraschendes: Er erlebt, dass sein Leben eine Richtung bekommt, er erlebt wahrscheinlich auch Erfolg und er erlebt, dass sein Leben in einem größeren Ganzen einen Sinn hat. Wir feiern heute den Sonntag nach Ostern *Quasimodogeniti*, ein wunderbares lateinisches Kunstwort. Auf Deutsch würde man es mit „gleichsam wie neu geboren" übersetzen können. Wann haben Sie dieses Gefühl zuletzt erlebt? Bei der letzten Dusche? Bei der ersten Liebe? Beim letzten Lob, das Sie bekommen haben? Oder als Sie im Sinne der Selbstüberschreitung eine neue Aufgabe beherzt in Angriff genommen haben und die ersten Schritte mit Erfolg gegangen sind? Als Sie gemerkt haben, dass Sie ein Künstler des Lebens sind? Ein Künstler menschlichen Lebens und nicht technischer Simulation. In diesem Sinne möchte ich schließen mit einem Gedicht von Erich Fried über einen Hund. Wir können ihn ruhig Aibo nennen[3].

---

[3] Aibo ist der Name eines Roboterhundes der japanischen Firma Sony, der auf während der Tagung Gegenstand lebhaften Interesses war, und an dem die Frage nach subjektanalogem Verhalten Robotern gegenüber diskutiert wurde.

Ein Hund, der stirbt
Und weiß, dass er stirbt,
Und sagen kann, dass er weiß, dass er stirbt,
Ist ein Mensch.

Und in freier Fortführung dieser Gedanken können wir ergänzen

Ein Mensch, der stirbt
Und weiß, dass er stirbt
Und sagen kann, dass er weiß, dass er stirbt,
Und glaubt, dass er auferstehen wird,
Ist ein Christ

In diesem Sinne, leben Sie wie ein Mensch und Christ und vergessen Sie ihr Hundeleben, Amen

*Diese Predigt wurde am 3. April 2005 in der Evangelischen Akademie Arnoldshain im Zusammenhang mit der Tagung „Künstliche Intelligenz und menschliche Person" gehalten.*

## Glaube und Wissenschaft – Bereicherung oder Widerspruch?

### 1. Korinther 13, 8-12

Die Liebe hört niemals auf, wo doch das prophetische Reden aufhören wird und das Zungenreden aufhören wird und die Erkenntnis aufhören wird.

Denn unser Wissen ist Stückwerk und unser prophetisches Reden ist Stückwerk.

Wenn aber kommen wird das Vollkommene, so wird das Stückwerk aufhören.

Als ich ein Kind war, da redete ich wie ein Kind und dachte wie ein Kind und war klug wie ein Kind, als ich aber ein Mann wurde, da tat ich ab, was kindlich war.

Wir sehen jetzt durch einen Spiegel ein dunkles Bild. Dann aber von ‚Angesicht zu Angesicht. Jetzt erkenne ich stückweise, dann aber werde ich erkennen, wie ich erkannt bin.

Liebe Gemeinde, liebe Hörerinnen und Hörer,

### Teil I
### Wissenschaft – Glaube

Glauben und Wissensdurst[4], das sind die beiden Schätze, die Gott uns mitgegeben hat, damit unser Leben Erfüllung findet und wir in dieser Welt zurecht kommen. Paulus spricht in Ersten Korintherbrief über Glauben und Wissen, wie sie sich entwickeln und wie sie sich im Laufe des Lebens auch verändern müssen.

---

[4] "Alle Menschen streben von Natur aus nach Wissen", Aristoteles, Metaphysik, Buch I, (A), 980a.

Jeder Mensch ist berührt, wenn er merkt, dass ein Kind ihm Vertrauen und Glauben schenkt. Und mit Freude können wir feststellen, dass heute Kinder ihren ungebremsten Wissensdurst in so genannten Kinderuniversitäten, Museen und spannenden Büchern über Wissenschaft stillen können.

Glauben und Wissen brauchen nicht nur einzelne Menschen, sondern auch die Gesellschaft. Es ist schlecht um eine Gesellschaft bestellt, die den Glauben an Gott und damit auch an sich selbst verliert. Und es ist schlecht um eine Gesellschaft bestellt, der Lernen und Wissen erwerben nichts bedeutet. Wenn wir diese beiden Schätze pflegen, den Glaubens des Herzens und das Wissens des Verstandes, haben wir viel getan, damit wir selbst und unser Land gedeihen und wachsen.

Es scheint, dass sich unser Land in diese Richtung bewegt. Wissenserwerb wird wieder groß geschrieben, wir nehmen die Pisastudien ernst, wir gründen Eliteuniversitäten. Aber wie steht es mit dem Glauben? Entwickeln sie sich beide, Wissen und Glauben, in einer gesunden Balance, oder gibt es ein gefährliches Ungleichgewicht?

Einst, im Mittelalter waren Glauben und Wissen eine Einheit. Und die Stätten des Wissens, die Universitäten, wurden von den Glaubenden gegründet. Dieser Gottesdienst fragt „Glauben und Wissenschaft – sind sie ein Widerspruch oder sind sie eine Ergänzung?“ Eine wegweisende Antwort habe ich gefunden in der Begegnung des Physikers und Nobelpreisträgers Albert Einstein mit dem Theologen Karl Heim. Die beiden waren ungefähr eine Generation, etwa um die 20 Jahre alt, als sie zu Beginn des 20. Jahrhunderts anfingen zu arbeiten und zu wirken.
Im Jahre 1941 hielt Albert Einstein in den USA vor angehenden Pfarrern einen Vortrag über Religion und Wissenschaft. Einstein war auf seine Weise ein religiöser Mensch. Öfter gebrauchte er Formulierungen, in denen Gott vorkam, wie etwa, „Gott würfelt

nicht." Auch propagierte er eine Art wissenschaftlicher Naturfrömmigkeit, die er „kosmische Religiosität" nannte. Einstein wollte in unentwegtem Ringen Gott auf dem Weg der Wissenschaft erkennen. Wissenschaft war ihm so letztlich Gottesdienst. Und in diesem Sinne bestimmte er Glauben und Wissen folgendermaßen „Wissenschaft ohne Religion ist lahm, Religion ohne Wissenschaft blind."[5]

Albert Einstein mahnte also, die Religion nicht zu verachten, sondern er wollte im Gegenteil die Wissenschaft auf die wertvollen seelischen Antriebe der Religion gründen. Er wollte gewissermaßen der Wissenschaft eine Seele geben. Sein Credo war: „Wissenschaft aber kann nur geschaffen werden von Menschen, die ganz erfüllt sind von dem Streben nach Wahrheit und Begreifen. Diese Gefühlsbasis aber entstammt der religiösen Sphäre."[6]

Einstein stellte einen hohen Anspruch: „Ich möchte wissen, wie sich Gott die Welt geschaffen hat. [...]. Ich möchte Seine Gedanken kennen, alles Übrige sind nur Einzelheiten."[7] Zugleich aber mahnte er auch, sich dem Wissen der Wissenschaft zu stellen. „Religion ohne Wissenschaft ist blind." Genau dies war auch das Ziel des Theologen Karl Heim. Er wollte keinen blinden Glauben.

Karl Heim hatte es sich mit dem Glauben nicht leicht gemacht. Nach inneren Kämpfen und Zweifeln hatte er schließlich doch zum christlichen Glauben gefunden. Aber dabei blieb er nicht stehen. Schon um die Jahrhundertwende hatte er die Diagnose gestellt: Der Glaube begibt sich in eine tödliche Isolation und verliert damit an Bedeutung und wird belanglos, wenn er sich nicht mit den Wissenschaften in der Suche nach der Wahrheit misst. Er schrieb im Jahre 1906: „Wir müssen jetzt ganz neue Wege suchen [...], wenn

[5] Albert Einstein, Aus meinen späteren Jahren, Frankfurt, [4]1993, S. 43.

[6] Albert Einstein, Aus meinen späteren Jahren, Frankfurt, [4]1993, S. 43, vgl. auch: „In den langen Grübeleien meines Lebens habe ich erkannt, dass wir von einer wahren Erkenntnis der Dinge ungleich weiter entfernt sind, als die meisten Menschen ahnen. Wir bewegen uns in einem Meer der Täuschungen".

[7] Kurz nach Einsteins Tod veröffentlichte die Londoner Zeitschrift „*The Listener*" ein „Gespräch mit Einstein", in dem Einstein das Ziel seiner wissenschaftlichen Arbeit mit seiner Gottesauffassung verknüpfte: „Ich möchte wissen", so wird er dort zitiert, „wie sich Gott die Welt geschaffen hat. Ich bin nicht an diesem oder jenem Phänomen, an dem Spektrum dieses oder jenes Elementes, interessiert. Ich möchte seine Gedanken erkennen, alles übrige sind Einzelheiten."

nicht der ungeheure Riss zwischen der nur unter sich verkehrenden Theologie und der Welt der Mediziner und Naturwissenschaftler über kurz oder lang zu einer Katastrophe führen soll. Eine Riesenarbeit ist zu tun, um den schon seit hundert Jahren verlorenen Anschluß wieder einzuholen, ehe es zu spät ist."[8] Als Konsequenz studierte er die Physik Albert Einsteins.

Im Jahre 1938 trug die theologische Fakultät in Princeton in den USA Karl Heim eine Professur an. Karl Heim und Albert Einstein begegneten sich dort, aber es blieb bei diesem kurzen Treffen. Denn Karl Heim kehrte in das nationalsozialistische Deutschland zurück, wo Glaubende verfolgt wurden und die Machthaber die Wissenschaft benutzten, um Menschen zu töten und zu vernichten. Karl Heim sah es als seine christliche Pflicht an, in der Stunde der Verfolgung den Glauben gegen Aberglauben und das Wissen gegen Ideologie zu verteidigen.

Einstein und Heim haben für ihre Zeit einen ersten Anfang gemacht, Glauben und Wissen sinnvoll auf einander zu beziehen. Gemeinsam war ihnen das Ziel, Gott zum Zentrum ihres Lebens zu machen, der eine über das Wissen, der andere über den Glauben. Doch ihr Werk blieb Stückwerk. Wie können wir mit dem Stückwerk des Glaubens und dem Stückwerk des Wissens leben? Hören wir dazu nach der Orgelimprovisation über *Veni Creator Spiritus* den Apostel Paulus.

## Teil II
## Reifegrade des Glaubens und Wissens

Stückwerk ruft nach Ganzheit, nach Reifung. Und daher spricht der Apostel Paulus von Reifegraden des Glaubens und Wissens, vier Riefegraden. „Als ich ein Kind war, da

[8] TRE, Bd. XXIV, 1994, 206.

redete ich wie ein Kind und dachte wie ein Kind und war klug wie ein Kind".[9]".[10] Kinder haben oft eine natürliche Frömmigkeit. Viele Ereignisse schreiben sie Gott zu. Neulich sagte mir mein achtjähriger Sohn: „An Gott führt kein Weg vorbei", „Wieso", fragte ich, „Evolution" sagte er, „die hat Gott gemacht."

Aber die Geborgenheit dieses paradiesisch ungebrochenen Kinderglaubens müssen wir alle verlassen. Paulus schreibt: „Als ich aber ein Mann wurde, da tat ich ab, was kindlich war."[12] Wenn man erwachsen wird, dann kommen Zweifel. Die zweite Stufe im Prozess des Glaubens, notwendig und wichtig, sind die Zweifel. Stimmt das eigentlich alles, was in der Bibel steht? Ist Jesus wirklich auf dem Wasser gelaufen, ist er von den Toten auferstanden? Das kann doch nicht stimmen!

Und wenn man die Welt des Wissens betritt, wird Gott als Erklärungsgrund immer mehr zurückgedrängt, bis fast nichts mehr für ihn übrig bleibt. Gerade nachdenkliche Menschen erleben schmerzhaft diesen Zwiespalt. Sie wollen weder den Glauben noch das Wissen aufgeben. Niemand kann auf Dauer mit dem Kopf ein Heide und mit dem Herzen ein Christ sein. Aber der Schmerz dieses Zwiespalts kann weiterführen zum dritten Reifeschritt dem Ganzheitsglauben.

Zwiespalt kann nur Übergang sein.[13] Der Glaube kann den inneren Zwiespalt heilen, wenn er uns im Zentrum unserer Person unserem Herzen geschenkt wird. „Es ist ein köstlich Ding, wenn das Herz fest wird" heißt es im Hebräerbrief.[14] Wenn das innere Zerquältsein aufhört und wir Frieden haben, mit uns selbst, und mit Gott. Wenn wir in diesem Sinne glauben, können wir unseren Blick noch einmal weiten über die Welt hinaus, auf den Schöpfer. Das ist die vierte Reifestufe des Glaubens, schön gesagt ebenfalls im Hebräerbrief: „Es ist aber der Glaube eine feste Zuversicht auf das, was man hofft, und ein Nichtzweifeln an dem, was man nicht sieht." Da klingt ein neuer

---

[9] 1. Kor. 13, 11.
[10] 1. Kor. 13, 11.
[12] 1. Kor. 13, 11.
[13] „Ist Unentschiedenheit dem Herzen nah', so wird daraus der Seele Bitternis erwachsen", Wolfram von Eschenbach, Parzeval.
[14] Hebr. 13, 9.

Aspekt an. Wer glaubt, der hofft. Und merkt: Diese Welt, so wie sie ist, ist nicht Gottes letztes Wort. Eine neue Welt aus der Dimension Gottes ist uns verheißen. Als Glaubende können wir ahnen, was es heißt, dass Gott unendlich, unverfügbar, unerschöpflich und unberechenbar ist. Es heißt, dass wir trotz unserer eigenen endlichen Möglichkeiten aus dieser göttlichen Quelle schöpfen können, um an der neuen Welt Gottes mitzuarbeiten. Wissen bezieht sich auf das in der Welt *Wirkliche*, Glauben auf das bei Gott *Mögliche*. Aber die göttlichen Möglichkeiten können in unserer Welt Wirklichkeit werden. Dann werden in der Welt Unwissenheit und Aberglaube, die Kräfte des Fanatismus, des Hasses und letztlich die Kräfte des Todes nicht siegen.

Karl Heim ist für diesen Glauben aus den sicheren USA ins verbrecherische Deutschland zurückgekehrt. Dieser Glaube ist wie ein Blick in die neue Welt Gottes, zu der wir unterwegs sind. Paulus verwendet ein wunderbares Bild, wenn er diesen Glauben charakterisiert: „Wir sehen jetzt durch einen Spiegel ein dunkles Bild. Dann aber von Angesicht zu Angesicht.“[15]

Auch die Welt des Wissens hat ihre Reifegrade. Kinder glauben, was die Lehrer an Wissen vermitteln. Später lernt man, dass Wissen nur im Zusammenhang mit Theorien existiert. Mehr noch: Theorien sind wie Netze, die man über die Wirklichkeit wirft. Was durch die Maschen schlüpft, erkennt man nicht.

Auch das Wissen, so stellt sich heraus, ist unvollkommen. Das hatte auch schon der Apostel Paulus gesagt: „Denn unser Wissen ist Stückwerk.“[16] Man kann sogar noch einen Schritt weiter gehen wie einst der Philosoph Immanuel Kant oder neuerdings die Hirnforschung. Unser Wissen und unsere Erkenntnis sind nur in unserem Kopf, sonst nirgends. Was die Wirklichkeit wirklich ist, werden wir niemals erkennen. Mit dem Verstand erkennen wir, aber unvollkommen, mit dem Herzen glauben wir, genauso

[15] Paulus, I. Korinther 13, 12.
[16] Paulus, 1, Korinther 13, 9.

unvollkommen. Unser Wissen, unser Glauben bleiben Stückwerk. Kann man mit Stückwerk als denkender und fühlender Mensch leben? Kann man ein Leben auf Stückwerk aufbauen?

Kann man mit Stückwerk leben in einer Zeit, in der Fundamentalisten propagieren, dass man in Glaubensdingen absolut sicher sein kann? Kann man mit Stückwerk leben in einer Zeit, in der im Wissenschaftsbetrieb Perfektion gefragt ist? Eine Perfektion, die oft nur an der Masse der Veröffentlichungen gemessen wird. In einer Zeit, in der man sich die Karriere ruiniert, wenn man einmal versagt hat?

Paulus erkennt das Stückwerk an, sagt Ja dazu: „Jetzt erkenne ich stückweise." Aber vor Gott ist damit kein Versagen, keine Verurteilung verbunden: „Dann aber werde ich erkennen, wie ich erkannt bin", schreibt Paulus. Wenn Gott uns in unserem Stückwerk erkennt, dann erkennt er uns damit auch an. Und noch mehr: Er möchte mit seiner schöpferischen Kraft unser Stückwerk ganz machen. Er möchte uns an seiner Schöpferkraft im Glauben teilhaben lassen. Lassen sie uns nach der Improvisation der Orgel *Veni Creator Spiritus* darüber nachdenken, wie Glauben und Wissen sich entwickeln können, wenn etwas von Gottes Kreativität in uns wirksam wird.

## Teil III
## Glauben und Wissen im 21. Jahrhundert

Liebe Gemeinde,

Bevor wir über die Zukunft von Glauben und Wissen im vor uns liegenden Jahrhundert nachdenken, lassen sie uns einen Blick in die Vergangenheit werfen. Die Einheit von Glauben und Wissen wie im Mittelalter ist heute zerbrochen und es führt kein Weg mehr dorthin zurück. Der Schriftsteller Robert Musil hat diese verlorene Einheit von Glauben und Wissen in seinem Monumentalwerk ‚Der Mann ohne Eigenschaften' bemerkt und zugleich zu einem neuen Aufschwung des Glaubens aufgerufen. „Aber der Glaube war immer mit Wissen verbunden gewesen, wenn auch nur mit einem eingebildeten, seit den Urtagen seiner zauberhaften Begründung. Und dieser alte Wissensteil ist längst vermorscht und hat den Glauben mit sich in die gleiche Verwesung gerissen: es gilt also heute, diese Verbindung neu aufzurichten. Und natürlich nicht etwa bloß in der Weise, dass man den Glauben ‚auf die Höhe des Wissens bringt'; doch wohl aber so, dass er von dieser Höhe auffliegt. Die Kunst der Erhebung über das Wissen muss neu geübt werden"[17]. Ein Glaube, der ‚auffliegt', ein wunderbares Bild! Und man möchte ergänzen, ein Glaube, der mitreißt, nach oben, in einer neu aufgerichteten Verbindung, und nicht herunterreißt, nach unten, wie einst, als sie sich getrennt haben.

Glaube und Wissen sind verschiedene Wege gegangen, gefährlich verschiedene Wege. Der Kirchenvater des 19. Jahrhunderts, Friedrich Schleiermacher hatte im Jahre 1829 in einem Brief an einen Freund folgende Befürchtung ausgesprochen: „Soll denn der Knoten der Geschichte so aufgehen, dass die Wissenschaft mit dem Unglauben und die Religion mit der Barbarei"[18]? Und im 19. Jahrhundert wurde sogar erbittert gegeneinander gekämpft. Als Charles Darwin die Evolutionstheorie formulierte, wurde er von einem Bischof mit einem Affen verglichen. Umgekehrt genauso: Die vermeintlich Wissenden nannten Menschen, die glauben, fortschrittsfeindlich. Der Glaube sollte als überholt absterben. Die Diktatoren des zwanzigsten Jahrhunderts gingen weiter. Der Glaube sollte in den KZs und Gulags ausgemerzt werden.
Diese Katastrophe des 20. Jahrhunderts darf sich im 21. Jahrhundert nicht wiederholen. Die Einsicht des Apostels Paulus über Glaube und Wissen kann uns dabei helfen. Die Erkenntnis, dass beide, Glauben und Wissen, Stückwerk sind, ist nämlich kein Eingeständnis von Schwäche. Im Gegenteil: Sie ist die Erkenntnis von Stärke. Denn die

[17] Robert Musil, Der Mann ohne Eigenschaften, 1996, 826.
[18] Zweites Sendschreiben an Friedrich Lücke, 1829, Theologisch-Dogmatische Abhandlungen.

Anerkenntnis der eigenen endlichen und begrenzten Möglichkeiten führt zu echter Demut und schafft so Raum für das Wirken Gottes in uns. Diese Anerkenntnis der göttlichen Stärke in menschlicher Schwäche hilft uns, der aufdämmernden Gefahr des 21. Jahrhunderts, der vermeintlichen Sicherheit und Gewissheit des religiösen Fundamentalismus und der Sicherheit ideologisierter Wissenschaft, wie erst kürzlich im Buch „Der Gotteswahn" von Richard Dawkins mit Kraft zu widerstehen. Glücklicherweise gibt es Zeichen einer Umkehr in diese Richtung. Der Frankfurter Philosoph Jürgen Habermas sprach davon, dass die „verlorene Hoffnung auf Auferstehung eine spürbare Lücke" hinterlassen habe. Und zur 400 Jahrfeier der Universität Giessen begann der Bundestagspräsident Lammers damit, diese Lücke zu schließen. Er sagte: „In unserer christlich abendländischen Kultur müssen Glaube und Wissen Gestaltungskräfte bleiben."

Aber reicht das? Müssen nicht eher Glauben und Wissen, Herz und Verstand, wie zwei Brennpunkte einer Ellipse in einer schöpferischen Spannung zueinander stehen, so dass der Glaube das Wissen und das Wissenden Glauben ständig vorantreibt? Geht das? Wie kann das aussehen? Heute schon haben Mediziner und Psychologen festgestellt, dass der Glaube eine positive Wirkung auf die Lebenserwartung, Gesundheit und Lebenszufriedenheit im hat. Viele Zusammenhänge von Glauben und Wissen gibt es noch zu entdecken.

Albert Einstein und Karl Heim haben diese Entwicklung prophetisch vorweggenommen. Sie haben einen Anfang gemacht, Glaube und Wissen schöpferisch aufeinander zu beziehen. Heute gibt es in Princeton ein weltweites Zentrum, in dem sich Wissenschaftler und Studenten über Glauben und Wissen austauschen. Sollte das nicht auch in Deutschland möglich sein? Gerade hier in Giessen hat doch der große liberale Theologe Adolf von Harnack die geistigen Grundlagen für die später gegründete Kaiser Wilhelm Gesellschaft, aus der die heutige Max Planck Gesellschaft hervorgegangen ist, gelegt. Ein großartiger Beitrag eines Glaubenden für die Welt des Wissens. Sollten wir diesem Beispiel Adolf von Harnacks hier in Giessen nicht folgen und in dieser Hinsicht eine würdige Nachfolge seines Werkes anstreben?

Gott hat Glauben und Wissensdurst, Herz und Verstand als Schätze in uns gelegt. Lassen wir diese Schätze Frucht bringen. Frucht für uns selbst, Frucht für die Wissenschaft und die Kirche, Frucht und Segen für unser Land.

Amen

*Diese Predigt wurde im Rahmen eines Radiogottesdienstes am 11. 11. 2007 in der Petruskirche in Gießen gehalten und vom Hessischen Rundfunk landesweit und vom Deutschlandfunk weltweit übertragen.*

Experimente mit Gott – Ist Gott Mathematiker?

Hebräer 11, 1

Der Glaube ist aber ein festes Vertrauen auf das, was man hofft, und ein nicht Zweifeln an dem, was man nicht sieht

Liebe Mathematikumsgemeimde,

„Kann ich mit Gott experimentieren", so lautet in Anlehnung an die *Straße der Experimente* an diesem Wissenschaftswochenende das Motto unseres Gottesdienstes hier im Mathematikum in Gießen. Dieses Motto klingt zugegebenermaßen etwas seltsam. Was soll man sich darunter denn nun vorstellen?

- Vielleicht eine Art Glaubensprobe? Auf dem Wasser wandeln, wie einst Jesus oder vom Dach des Mathematikums springen, im Glauben, dass die Engel Gottes einen schon auffangen werden?
- Ist das vielleicht so ein PR Gag der Kirche? Soll man sich darunter nun vorstellen, dass es morgen auf der Straße der Experimente auch ein Zelt gibt, in der der liebe Gott sitzt und darauf wartet, dass Sie als Besucher an ihm herumexperimentieren?
- Oder eine Art mathematischen Gottesbeweis? Vor ca. 20 Jahren hat ein Tübinger Theologe ein Buch geschrieben mit dem Titel: Ist Gott eine mathematische Formel! Ganz so abwegig ist der Gedanke nicht. Jeder, der ein bischen etwas von Mathematik versteht, kennt mysteriöse Zahlenbeziehungen, die einen schon so etwas wie religiöse Ehrfurcht einflösen können, wie z.B.

$$e^{i\pi} = -1$$

Trotzdem, Sie haben natürlich sofort gemerkt, dass hier etwas nicht stimmt und dass solche Assoziationen völlig abwegig sind.

Denn es ist klar. Wenn wir ein Experiment machen, dann verlängern und schärfen wir damit unser Denken und unsere Sinne, wenn auch auf eine geradezu unvorstellbare Weise. Aber wir schärfen sicherlich damit nicht unseren Sinn für Gott. Aber kann ich auch meinen Sinn für Gott schärfen?

## Teil I
## Gott im Allergrößten?

Mit unseren Teleskopen schauen wir in die unendlichen Fernen des Raumes, Milliarden von Milliardern von Lichtjahren. Ja, wir schauen auch in die unendlichen Fernen der Zeit und können sogar die letzten und Relikte des Urknalls sehen und hören. Aber sehen wir in diesen unendlichen Weiten irgendwo Gott? Natürlich nicht. Als vor etwa 50 Jahren die Menschheit anfing, sich eine Anschauung von diesen unbegreiflich riesigen Dimensionen zu machen, mit Beginn der bemannten Raumfahrt, das sagte der russische Kosmonaut Gagarin, als er die Erde mit in einer Raumkapsel zum ersten mal umkreiste: „Ich sehe hier nirgends einen Gott“. Auch wenn nachfolgende Astronautengenerationen von einer Art religiöser Ergriffenheit berichteten, als sie der unendlichen Majestät des Himmels ansichtig wurden, so ist dennoch klar: Auch wenn wir unsere Sinne durch noch so gigantische Weise erweitern, noch so tief in den Raum und die Zeit schauen, Gott werden wir selbst in diesem Allergrößten niergends sehen. Unsere Sinne können wir durch Instrumente schärfen. Kann man auch seinen, kann ich auch meinen Sinn für Gott schärfen?

## Teil II
## Gott im Allerkleinsten?

Und auch wenn wir unser natürliches Auge mit den stärksten Elektronenmikroskopen bewaffnen und die allerkleinsten Strukturen, bis hin zu den Atomen sehen, mehr noch wenn wir die Elektronen, Quarks und dergleichen sehen könnten, Gottes würden wir auch dort, im Allerkleinsten, nirgends ansichtig, selbst wenn wir dort das Higgs Teilchen – auch Gottesteilchen genannt – entdecken würden, ein Teilchen, dessen Existenz theoretisch postuliert, aber praktisch noch nicht entdeckt wurde, aber das zur Vervollständigung der fortgeschrittensten physikalischen Theorie gehört.. Auch dort, im Allerkleinsten sind wir in den Grenzen unserer Sinne gefangen.

Das Allergrößte und das Allerkleinste, wir können mit unseren Instrumenten bis dorthin vorstoßen, aber trotzdem sind wir immer in den Grenzen unserer Sinne gefangen. Aber ist Gott vielleicht dort, wo sich das Allergrößte und das Allerkleinste berühren? Ein faszinierender Gedanke. Nikolaus Kusanus, ein Kardinal und Mathematiker, Sohn eines Fischers an der Mosel, hat diesen Gedanken zum ersten mal im 15. Jahrhundert gedacht. Er sagte, Gott ist größer als das Allergrößte und kleiner als das Allerkleinste. Gott, so sagte er, ist der Zusammenfall der Gegensätze, der *coincidentia oppositorum*, Gott ist dort, wo sich das Allergrößte und das Allerkleinste berühren. Ein faszinierender Gedanke, in einem gewissen Sinne ein Experimentieren mit Gott. Genauer gesagt, es ist ein Experimentieren mit den Grenzen unserer Sinne. Ist etwa jenseits der Grenzen unserer Sinne Gott? Jenseits des Größten, oder jenseits des Kleinsten, oder dort, wo sich beide berühren, Gott? Ein gewagtes Experiment mit Gott.

Auch unser Predigttext, den ich für heute ausgesucht habe, kann ein solches Verständnis Gottes nahelegen. In Hebräer 11, 1 heißt es: „Der Glaube ist aber ein festes Vertrauen auf das, was man hofft, und ein nicht Zweifeln an dem, was man nicht sieht“. Gott hier an der Grenze des Sichtbaren!

Natürlich kennen Sie alle den Einwand, der von vielen Menschen sofort erhoben wird. „Ich glaube nur, was ich sehe“. Und natürlich ist ihnen auch sofort klar, wie töricht dieser Satz ist. Er ist deswegen töricht, weil, was man sieht, braucht man ja nicht mehr zu glauben, man sieht es ja. Er ist aber auch deswegen töricht, weil es sehr sehr vieles gibt, was wir nicht sehen, dessen Existenz aber trotzdem jedem Menschen einsichtig ist. Denken Sie nur an die Zahl π, oder andere Gegenstände der Mathematik, kein Mensch hat sie je vollständig gesehen, auch wenn sie hier im Mathematikum mit einigen hundert Stellen nach dem Komma an der Wand steht, und doch gibt es sie. Kein Mensch hat je Vertrauen, Hoffnung oder Liebe gesehen und doch zweifel niemand an ihrer Existenz.

„Kann ich mit Gott experimentieren"? Wir haben gesehen, dass es Unsinn ist, dies so zu verstehen, als könnten wir Gott durch Verlängerung und Erweiterung unserer Sinne ins Allergrößte und Allerkleinste erkennen. Aber vielleicht kann man mit Gott auf andere Weise experimentieren?
Was soll man sich darunter vorstellen? Ich möchte ihnen dafür ein Beispiel geben. Dieses Beispiel ist etwa 1 000 Jahre alt. Aber dieses Beispiel hat nichts von seiner Aktualität verloren. Dieses Beispiel steht am Beginn eines Buches, in dem ein Logiker mit den damals schärfsten Mitteln der Logik die Existenz Gottes beweisen wollte. Er war sozusagen ein experimenteller Denker. Unter der Überschrift „Ansporn des Geistes zur Betrachtung Gottes" schreibt dieser gelehrte und mit allen subtilen Regeln der Logik vertraute Bischof von Canterbury, Anselm von Canterbury:

„Wohlan denn, du armer Mensch, entfliehe ein wenig deinen Beschäftigungen, verbirg dich einige Zeit vor deinen lärmenden Gedanken, wirf ab jetzt die drückenden Sorgen und stelle zurück deine mühevollen Beschäftigungen. Sei ein wenig frei für Gott und ruhe eine Weile in ihm. Tritt ein in das Kämmerlein deines Geistes, schließe alles aus, außer Gott und dem, was dir hilft, ihn zu suchen, und nachdem die Tür geschlossen ist, suche ihn. Sprich nun, mein ganzes Herz, sprich nun zu Gott: Ich suche dein Antlitz, Herr, Dein Antlitz suche ich."

Dieser Anselm von Canterbury hat in der Tat mit Gott experimentiert! So wie wir in der Wissenschaft gelernt haben, unsere äußeren Sinne mit Instrumenten zu schärfen, damit wir sehen, so hat er damit begonnen, seine inneren Sinne zu schärfen, um Gott wahrzunehmen. Man kann es auch so sagen. Gegen das Vielerlei der Zerstreuung hat er die Konzentration, gegen die Sorgen das Vertrauen, gegen die Mühe die Gelassenheit, gegen die Betriebsamkeit die innere Ruhe gesetzt. Damit hat er geistige Disziplin im Hinblick auf das Eine Entscheidende, auf Gott geübt.

„Wohlan denn, du armer Mensch, entfliehe ein wenig deinen Beschäftigungen." Wir sind permanent beschäftigt, busy. Manchmal sind wir so beschäftigt, dass wir gar nicht mehr merken, womit und wozu eigentlich. Und wenn wir nichts mehr wissen, womit wir uns beschäftigen sollen, können wir sicher sein, dass es viele wohlmeinende Menschen gibt, die sich Beschäftigungen für uns ausdenken, damit wir ja nicht, wie die Maus im Laufrad, merken, dass wir uns zwar beschäftigen und bewegen, aber nicht von der Stelle kommen. Und vor allem sollen wir nicht merken, dass wir in der Gefahr sind, in allem Getriebe und Geschiebe uns selbst zu verlieren, ausgebrannt, leer und lustlos, auf der Jagd nach immer neuen Reizen. Die Freizeitindustrie hat Ideen ohne Ende, uns zu beschäftigen. „Wohlan denn, armer Mensch, entfliehe ein wenig deinen Beschäftigungen, verbirg dich einige Zeit vor deinen lärmenden Gedanken." Hand aufs Herz, liebe Gemeinde, wann haben Sie das das letzte mal gemacht? Wann haben Sie das letzte mal am Abend nicht den Fernseher eingeschaltet und statt dessen eine stille Stunde der Besinnung eingelegt? Wann hat sich ihnen zuletzt der innere verborgene Raum ihrer Seele oder ihres Geistes geöffnet, die geheime Kammer, in die Sie sich in aller Hektik immer wieder zurückziehen können.
Von dem Mathematiker und Theologen Blaise Pascal stammt die schöne Einsicht: „Ein großer Teil des Leids der Menschen stammt daher, dass sie nicht in der Lage sind, auch nur eine Stunde still in einem Zimmer zu sitzen."

Aber wir brauchen einen solchen stillen inneren Raum in unserer Seele, zu dem nur wir selbst und Gott Zugang haben. Wir brauchen ihn, um uns nicht zu verlieren. Wir brauchen ihn, um Kraft zu schöpfen. Ein Professor der Medizin unserer Universität hier in Gießen, der wahrlich sehr beschäftigt ist, sagte neulich in einer Predigt im Hochschulgottesdienst: „Ich habe mir eine Krypta, einen geheimen Ort in meiner Seele geschaffen, in den ich mich in allem Trubel und allem Stress jederzeit zurückziehen kann, eine innere Kammer, in der ich ein Stossgebet, ein biblisches Wort, oder auch nur ein paar Minuten des Innehaltens praktizieren kann. Ohne diese Krypta würde ich in all meinen Beschäftigungen untergehen." – „Wohlan denn, armer Mensch, entfliehe ein wenig deinen Beschäftigungen, verbirg dich einige Zeit vor deinen lärmenden Gedanken, wirf ab jetzt die drückenden Sorgen und stelle zurück deine mühevollen Beschäftigungen". Kann ich experimentieren mit Gott"? Ja, ich kann, ich kann es, wenn ich genau dies mache: Unterbrechen der permanenten Beschäftigung, eintreten in die geheime innere Kammer, um dort mit Gott Zwiesprache zu halten.

Natürlich werden wir nicht gleich in dieser inneren Kammer Gott begegnen. Wir sind ja darin gar nicht geübt. Wir unterbrechen ja gar nicht unsere Beschäftigungen, um frei zu sein für Gott. „Sei ein wenig frei fuer Gott und ruhe in ihm", sagt Anselm. Als erstes werden wir in dieser inneren Kammer nicht Gott, sondern unseren lärmenden Gedanken begegnen, und dann diese Kammer gleich wieder mit dem lärmenden Marktplatz vertauschen. Kann ich mit Gott experimentieren? Ja, ich kann es, aber: Experimente können auch schief gehen. Wahrscheinlich gehen sogar die meisten Experimente schief, man erfährt ja nichts von ihnen. Experimente in der Wissenschaft können schief gehen, und auch unsere Glaubensexperimente mit Gott. So mancher hat schon mal mit dem Experiment Gott angefangen: Etwa auf folgende Weise: Wenn ich aus dieser oder jener schwierigen Lage ungeschoren herauskomme, wenn ich von dieser oder jener Krankheit genese, dann, ja, dann werde ich es mit Gott wieder ernster nehmen. Und so mancher hat dann das Experiment abgebrochen, oder bei einem negativen Ausgang alles Experimentieren mit Gott eingestellt. Wir experimentieren in der Wissenschaft. Und wir können auch mit Gott experimentieren. Aber es gibt einen entscheidenden Unterschied. Im Experiment mit Gott geht es um uns selbst. Genauer gesagt: Es geht um unser Leben. Hören wir dazu noch einmal den Mathematiker und Theologen Blaise Pascal: Er sagte: „Wenn Gott nicht existiert, verliert man nichts, wenn man an ihn glaubt. Wenn Gott aber existiert, verliert man alles, wenn man nicht glaubt.“ Und daher: Glauben und experimentieren Sie!

Experimentieren Sie so lange, bis in ihrer inneren Kammer die lärmenden Gedanken, das Getrieben und Gejagtsein, die Hetze und Hektik und der Zweifel verschwunden sind und sich ein Raum der Schönheit, der Gelassenheit, der Güte und des Friedens aufgetan hat. Experimentieren mit Gott heisst eigentlich: Ein neues Leben anzufangen, das Laufrad des Alltags zwischen Trieb und Trott anzuhalten und etwas Neues zu wagen, vielleicht das, was man eigentlich immer schon machen wollte.

Experimentieren mit Gott – ein neues Leben anfangen! Anfänger des Lebens zu werden, jenseits der zerstreuten Beschäftigungen mit dem Vielerlei, hin zur Konzentration auf das Wesentliche. Ein Prediger des Mittelalters Meister Eckhart, hat dies in seinem sogenannten Zirkelgleichnis folgendermaßen ausgedrückt.

„Ein Anfänger, der mit einem guten Leben beginnen soll, der beachte folgenden Vergleich: Wer einen Kreis ziehen will, der steche den Zirkel fest ein. Dann wird der Kreis gut. Das will sagen: Der Mensch lerne zuerst, dass sein Herz beständig werde, dann wird er beständig in allen seinen Werken. Was immer er an großen Dingen tut – ist sein Herz unbeständig, so hilft es nichts.“ Amen

*Diese Predigt wurde im Sommersemester 2006 im Mathematikum in Giessen, das 2002 von dem Mathematiker Prof. Albrecht Beutelspacher gegründet wurde und als weltweit einziges mathematisches Mitmahmuseum gilt, im Rahmen der Veranstaltung „Straße der Experimente“ der Justus Liebig Universtität gehalten.*

## Mit Gott rechnen

### Jesaja 40, 31

Die auf den Herrn harren kriegen neue Kraft, daß sie auffahren mit Flügeln wie Adler.

### Teil I
### „Mit Gott rechnen“ – wörtlich

*Tuchscherer*: Oh je, da hab‘ ich mich auf was eingelassen. „Rechnen mit Gott“, was soll ich dazu predigen? Ich war in Mathe immer schlecht. Und in der Bibel habe ich noch nie einen mathematischen Text entdeckt.

*Achtner*: Kopf hoch, wir schaffen das schon. Es gibt ja auch noch die Dogmatik. Und da haben wir doch eine exakte Gotteslehre, die Trinität. Mit der bekommen wir schon einen ersten Anhaltspunkt, wie wir mit Gott rechnen können. Ich schreib es schon mal an (*Tafelanschrieb*): Gott: 1 = 3.

*Tuchscherer:* Da wird mir aber mulmig. Mein Gefühl sagt mir, dass wir so mit Gott nicht rechnen können. Und mein Verstand sagt mir, dass auch für Gott die Regeln der Logik gelten. Und nach der Logik kann 1 unmöglich 3 sein.

*Achtner*: Aber im Lukasevangelium, bei der Verkündigung des Engels an Elisabeth heißt es auch: „Denn bei Gott ist kein Ding unmöglich.“ Also kann er doch auch mal die Logik außer Kraft setzen und eins drei sein lassen.

*Tuchscherer:* So kommen wir nicht weiter. Ich geb ja zu, dass für das Rechnen mit Gott vielleicht andere Regeln gelten, aber Gott ist doch unendlich. Und mit dem Unendlichen kann man doch überhaupt nicht rechnen.

*Achtner*: Warum nicht? Natürlich kann man mit dem Unendlichen rechnen. Rechnen wir doch mal mit dem Unendlichen (*Tafelanschrieb*).

*Frage an Tuchscherer*: “Wieviel ist : $\infty + \infty$ ”

*Tuchscherer*: $\infty + \infty = 2\infty$

*Achtner*: Falsch, $\infty + \infty = \infty$. Wenn Gott unendlich ist, dann gelten für ihn ganz andere Regeln, wie man sieht. Das ist sogar in der Mathematik so. Immerhin hat auch der Mathematiker Georg Cantor auf diese Weise versucht, Gott auszurechnen.

*Tuchscherer:* Aber das ist doch Unsinn. Ich kann doch Gott nicht ausrechnen. Und es gibt auch einen guten Grund, warum man Gott nicht ausrechnen kann. Dann wäre Gott nämlich festgelegt. Aber das widerspricht seiner Freiheit. Deswegen kann man mit Gott nicht rechnen.

*Achtner:* Der Einwand stimmt. Gott ist frei. Aber genau aus diesem Grund gelten für ihn ja auch andere Regeln. Die Regeln der Freiheit. Wir sind an die Regeln der Notwendigkeit gewöhnt. Die Regeln der Freiheit sind aber anders. Außerdem: Ihr Katholiken glaubt doch, dass sich die Hostie in den Leib Christi verwandelt. Und das bedeutet doch, dass Christus an vielen Orten gleichzeitig ist. Das ist doch logisch auch unmöglich.

*Tuchscherer:* Hm, so habe ich das noch nie gesehen. Aber ihr Protestanten glaubt das doch im Abendmahl auch, oder?

*Achtner*: Bei uns ist es ein bischen komplizierter. Aber bleiben wir bei Gott, Logik und Mathematik. Neulich habe ich von einem Buch gehört, das hieß: „Ist Gott eine mathematische Formel?" Es stammt von einem Pastor aus Hamburg, Dr. Paul Schultz. Eigentlich müsste das für einen katholischen Christen eine tolle Ansicht sein. Denn immerhin hat das Lehramt der katholischen Kirche festgelegt – Vaticanum I – dass man Gott mit Hilfe der Vernunft mit Sicherheit erkennen kann, also doch wohl auch mit der mathematischen Vernunft.

*Tuchscherer:* Da kann ich nur sagen Vorsicht!

*Achtner:* Wieso?

*Tuchscherer*: Die Vernunft hat auch ihre Grenzen, immerhin hat der evangelische Philosoph Immanuel Kant ein dickes Buch über die Grenzen der Vernunft geschrieben. Und was den Pastor Schulz anbelangt: Er wurde aufgrund seines Buches: „Ist Gott eine mathematische Formel“ seines Amtes enthoben. Er durfte nicht mehr predigen. Eine solche Karriere schwebt mir nicht vor.

*Achtner:* Ach, und was ist aus ihm geworden?

*Tuchscherer:* Er hat dann anschließend in einer Brauerei gearbeitet.

*Achtner*: Oh je, da sollten wir ein bischen vorsichtig sein mit unseren Thesen. Ich möchte eigentlich auch nicht unter die Trinkbrüder fallen. Aber Albert Einstein wollte doch auch Gott ausrechnen. Hat er nicht die Weltformel gesucht? Und hat er nicht ständig von Gott als dem Alten geredet, dessen Geheimnis er ergründen wollte – mit Hilfe der Mathematik?

*Tuchscherer*: Stimmt. Aber er hat einen Fehler gemacht!

*Achtner:* Ach, Einstein einen Fehler? Welchen denn?

*Tuchscherer:* Er hat – wie wir eben schon festgestellt haben – in Gott die Gesetze der Notwendigkeit hineingetragen, aber die Freiheit vergessen. Deswegen war bei ihm alles festgelegt, einschließlich der Zukunft! Alles ist berechenbar, alles ist festgelegt durch Naturgesetze. Es gibt keine Freiheit. Und das sehe ich anders.

*Achtner*: Ich glaube auch an die Freiheit. Ich sehe, die Freiheit Gottes begrenzt unsere Einsicht. Unser Verstand, auch unser mathematischer Verstand, ist in Bezug auf Gott begrenzt. Wir können Gott nicht ausrechnen. Ob uns Gott aber je die höheren Regeln der Freiheit zeigt? Vielleicht müssen wir mit Gott ganz anders rechnen? Nicht mit Zahlen, nicht mit Formeln, sondern damit, was er uns – unverhoffterweise – in der Zukunft zukommen lässt. Ich denke, wir sollten mit der Rechnerei aufhören und mit seinem Wirken in der Zeit, auch in unserer eigenen Lebenszeit rechnen.

## Teil II

## „Rechnen mit Gott“ – Rechnen mit Gott in der Zeit

*Tuchscherer*: Der letzte Gedanke hat mir gefallen: Mit Gott rechen in der Zeit und in der Zukunft.

*Achtner:* Mir auch. Die Zukunft ist uns ja verschlossen. Aber man würde sie doch schon ganz gern kennen. Kann man sie berechnen? Ist die Zeit von Gott mathematisch festgelegt? Gibt es einen göttlichen Zeitplan, und wenn ja, kann man ihn erkennen?

*Tuchscherer*: Ich habe neulich von diesem Maya Kalender gehört. Die Mayas waren von der Zeit und ihrer Berechnung besessen. Und sie haben vor vielen hunderten von Jahren schon in ihrem Kalender vorausgesehen, dass 2012 etwas ganz besonderes passiert, ich glaube die Welt sollte untergehen.

*Achtner:* Ich habe auch davon gehört. Das Buch über diesen angeblichen Weltuntergang soll sich sehr gut verkaufen. Und die Leute glauben wohl auch dran.

*Tuchscherer:* Schlechte Nachrichten verkaufen sich besser als gute.

*Achtner*: Ich glaube, es geht nicht nur um schlechte Nachrichten. Die Menschen haben schlichtweg Angst vor der Zukunft. Deswegen kaufen sie solche Bücher.

*Tuchscherer*: Ist ja auch nichts Neues. Das hat es in der Christenheit, aber auch in den Sekten schon oft gegeben. In Schwaben geb es einen Pfarrer, der hieß Albrecht Bengel. Der hat den Weltuntergang und die Wiederkehr Christ für das Jahr 1834 berechnet. Leider hat er sich verrechnet.

*Achtner*: Stimmt, und das obwohl er einen Schüler hatte, den Pfarrer und Mechaniker Matthias Hahn, der hat nämlich zur Berechnung des Weltuntergangs feinmechanische Präzisionsinstrumente und Uhren gebaut.

*Tuchscherer:* Wozu die Theologie nicht gut alles ist! Dass aber die schwäbische feinmechanische Industrie auf Berechnungen der Wiederkehr Christi zurückgeht, war mir auch neu.

*Achtner:* Stimmt aber. Ich frage mich aber, woher diese Angst vor der Zukunft kommt? Auch in der Kirche gibt es ja große Ängste vor der Zukunft. Geht die Kirchensteuer ein bischen zurück, dann heißt es gleich, die Kirche geht unter.

*Tuchscherer:* Ich glaube, wir Menschen wollen einfach Sicherheit, wir wollen alles im Griff und unter Kontrolle haben. Es fällt uns schwer, Dinge einfach auch auf uns zukommen zu lassen. Und wenn dann Gott auf uns zukommt, verpassen wir ihn, weil wir in unseren Sicherheiten feststecken.

*Achtner*: Das sehe ich auch so. Aber ohne Sicherheit geht es auch nicht. Wir brauchen doch auch Sicherheit, auf der sich unsere Freiheit aufbaut. Nur darf man sich vor lauter Sicherheitsdenken nicht in Angst einmauern.

*Tuchscherer:* Von Martin Luther gibt es übrigens eine schöne Unterscheidung. Er unterscheidet zwischen *securitas*, also Sicherheit und *certitudo*, also Glaubensgewissheit. Wenn zu unserer Sicherheit noch die Glaubensgewissheit dazu käme, wäre es eigentlich optimal.

*Achtner*: Das wäre zu wünschen. Denn wenn Gott ein Gott der Freiheit ist, dann ist er auch ein Gott der Möglichkeiten. Und rechnen mit Gott, wäre dann ein Rechnen mit Gottes Möglichkeiten. Ein Rechnen – nicht berechnen – mit den Überraschungen Gottes, mit dem, was er uns zukommen lassen will.

## Teil III

## „Rechnen mit Gott" – Rechnen mit Gott in meinem Leben

*Achtner*: Kann ich also auch mit den Möglichkeiten Gottes in *meinem Leben* rechnen? Ich habe in meiner vorigen Gemeinde in Mainz einen älteren Herren kennengelert, der hat mit Gott ganz real in seinem Leben gerechnet. Zu Beginn des Russlandfeldzugs 1939 lag er in einem Wäldchen in Polen und wollte wissen, wie es mit ihm im Krieg ausgehen wird. Er schlug seinen Psalter auf und fand folgende Stelle: „Du wirst nicht fallen". Er hat überlebt.

*Tuchscherer:* Da hat er aber Glück gehabt. Ich habe nämlich einen Mann im Knast kennengelernt, der hat die gleiche Methode angewandt. Er schlug die Bibel auf, um herauszufinden, wie es mit ihm weitergeht im Gefängnis und fand den Satz: „Du wirst frei werden." Aber er sitzt immer noch. Und jetzt macht er mich verantwortlich, dass die Bibel nicht stimmt.

*Achtner*: Also diese Methode scheint nicht zu funktionieren. Vielleicht gibt es eine bessere? Die Bibelnachschlagmethode enthält doch noch ziemlich viel Rechnerei. Wie aber kann ich denn dann mit Gott in meinem Leben rechnen?

*Tuchscherer*: Ganz anders: Vertrauen! Ich kann mit Gott nur rechnen, indem ich ihm vertraue.

*Achtner:* Hm. Das gefällt mir gut!

*Tuchscherer*: Und rechnen mit Gott, wäre dann ein Rechnen mit Gottes Möglichkeiten, ein Vertrauen auf Gottes Möglichkeiten. Das klingt interessant. Aber wer lebt denn so, dass er mit diesen Möglichkeiten Gottes wirklich rechnet und fest darauf vertraut? Wenn ich ein Beispiel hätte, würde ich gern daran noch mehr glauben.

*Achtner:* Ich kenne eins. Neulich lernte ich einen emeritierten Professor für Tunnelbau kennen. Ich fragte ihn, ob er denn da nicht immer viel Angst gehabt hätte, dass seine Tunnel einstürzen. Und er sagte: Nein! Nie! Denn ich habe ein unendliches Gottvertrauen. Dann sagte ich: Was nützt das größte Gottvertrauen, wenn der Tunnel falsch berechnet ist. Seine Antwort war sehr überraschend. Er sagte nämlich: "Wenn man glaubt, bekommt man einen neuen Blick und ein neues Gefühl. Und damit liegt man oft viel richtiger als mit Berechnungen. Das hat sich bei mir immer wieder bestätigt."

*Tuchscherer:* OK, das kann ich irgendwie nachvollziehen. Der Glaube gibt einen neuen Blick. Aber was ist mit Gottes Möglichkeiten? Da muss doch etwas Neues geschehen!

*Achtner*: Sicher, auch dafür gibt viele Beispiele! Eines möchte ich nennen. Der Pfarrer und Theologe August Herrmann Francke hat im 17. Jahrhundert die bedrückende Armut und Verwahrlosung, den schlimmen Krankenstand und die erschreckende Analphabetenrate seiner Gemeinde in Glaucha, ein Vorort Halles, kennengelernt. Eines Tages fand er ein paar Pfennige im Opferkasten. Nach seiner eigenen Glaubenskrise und einem Neuanfang mit Gott nahm er diese wenigen Pfennige als Grundstock, um ein großes Werk zur Linderung der Not aufzubauen. Im Laufe der Jahre entstand ein Waisenhaus, Werkstätten, Apotheken, eine ganze Schulstadt, mit Tausenden von

Schülern, auch Mädchen, was revolutionär war damals. Am Portal seiner Schulstadt ließ er ein Zitat aus dem Buch Jesaja 40, 31 anbringen: „Die auf den Herrn harren kriegen neue Kraft, daß sie auffahren mit Flügeln wie Adler".

*Tuchscherer:* Das ist wahrhaftig ein Rechnen mit Gottes Möglichkeiten! Mir fällt übrigens auch noch ein anderes Beispiel ein. Das Mathematikum ist ja auch so ähnlich entstanden. Ganz klein, ohne Mittel hat es angefangen – und heute? Heute feiern wir hier Gottesdienst!

*Achtner:* Vielleicht ist das auch eine neue Methode, die chronisch unterfinanzierten Hochschulen in Schwung zu bringen. Engagierte Leute, die anpacken, sich nicht entmutigen lassen und auf Gottes Möglichkeiten hoffen?

*Tuchscherer*: Und vielleicht ist das auch eine Möglichkeit, selbst aus dem Glauben zu leben und mit Gott und seinen Möglichkeiten zu rechnen? So wie es bei Jesaja heißt: „Die auf den Herrn harren kriegen neue Kraft, daß sie auffahren mit Flügeln wie Adler."

*Achtner*: Womit wir nun endlich bei Jesus angekommen wären. Denn der hat ja bekanntlich dem blinden Bartimäus gesagt: „Dein Glaube hat Dir geholfen" als er wieder sehend wurde.

*Tuchscherer*: Das ist eine schöne Geschichte. Denn sie zeigt uns, dass uns der Glaube einen neuen Blick auf unser Leben und die Welt eröffnet. Einen Blick auf die Möglichkeiten Gottes. Wir müssen sie nur in Vertrauen annehmen, dann wird sich unser Leben erneuern – es wird wachsen.

*Achtner*: Das finde ich auch. Ich meine, man sollte immer alle seine Aufgaben mit größter Hingabe und allem Einsatz zu lösen versuchen. Und wenn man dann sein Bestes gegeben hat, alles Gott anheimstellen.

*Tuchscherer*: Ich glaube Luther hat etwas ähnliches gesagt: Setz Dich so ein, als ob alles von Dir abhinge und vertraue gleichzeitig so, als ob alles von Gott abhinge.

*Achtner*: Und in einem bekannten Kirchenlied heißt es doch ähnlich:

Sing, bet' und geh auf Gottes Wegen,
Verricht das Deine nur getreu
Und trau des Himmels reichem Segen,
So wird er bei dir werden neu.
Denn welcher seine Zuversicht
Auf Gott setzt, den verläßt er nicht.

*Tuchscherer:* Ich glaube jetzt sind wir uns einig. Das ist sicher die beste Methode, mit Gott zu rechnen.

*Achtner/Tuchscherer:* Amen

*Diese Predigt wurde am 23. Mai 2011 vor dem Unihauptgebäude der Justus Liebig Universität in Gießen zum Start der Uniaktion "Straße der Experimente" als Dialogpredigt in einem ökumenischen Gottesdienst mit dem katholischen City-Gefängnisseelsorger Gerd Tuchscherer gehalten.*

## MEISTER ECKHART IN SEINER ZEIT UND HEUTE

Sehr geehrte Damen und Herren, liebe Eckhart Freunde

„Lass Dich selbst, lass dich Gott“ Oder genauer: „Lass Dich selbst los und überlass Dich Gott.“

Mit dieser Kurzformel kann man einen zentralen Gedanken Meister Eckharts zusammenfassen. Sie gibt die Richtung an für die Seele auf ihrem Weg zu Gott. Wer war Meister Eckhart, und was kann uns dieser Mensch des Mittelalters heute noch sagen?

Wer war Meister Eckhart? Meister Eckhart war Mitglied des Predigerordens der Dominikaner. Er wurde ca. 1260 in der Nähe von Gotha geboren und verstarb 1328 in Frankreich in Avignon am Hof des Papstes Johannes XXII im Zusammenhang mit einem Häresie Prozess, dem er sich dort stellen musste. Wir haben ihn als Magister, Mystiker und Manager bezeichnet. Ich möchte nun im Folgenden charakterisieren, was unter Magister, Mystiker und Manager bei Eckhart zu verstehen ist.

Magister heißt Professor, Professor Eckhart. In dieser Eigenschaft hatte er zweimal die Dominikanerprofessur an der Sorbonne in Paris inne. Eine Professur an der Sorbonne in Paris war damals und ist heute eine große Auszeichnung. Und die Tatsache, dass er sie zweimal innehatte, zeugt von der überragenden Wertschätzung, deren er sich erfreuen konnte. Worin bestand nun seine besondere Leistung in der Theologie?

Eckhart stellte sich in der Theologie einem Problem, das damals heiß diskutiert wurde und das auch heute noch von großer Wichtigkeit ist. Es ging nämlich um die Frage des Verhältnisses von Glauben und Vernunft. Hat sich die Vernunft dem Glauben unterzuordnen? Oder ist es umgekehrt, soll sich der Glaube der Vernunft anpassen? Oder haben beide überhaupt nichts miteinander zu tun? Oder soll sich der Glaube gänzlich auflösen, wenn die Vernunft alles beherrscht? Im Laufe der Diskussionen einer gesamten Theologengeneration kristallisierten sich drei Lösungsmodelle für diese Frage heraus.

Die erste Lösung, die sich auch in der Kirche durchsetzte und in der katholischen Kirche bis zum heutigen Tage gilt, ist die seines Ordensbruders Thomas von Aquin. Er lehrte, dass die Vernunft von Natur aus die höhere Wahrheit der Theologie und damit des Heils nicht erkennen könne. Daher sei sie bestenfalls eine Dienerin der Theologie. Man könne zwar mit Hilfe der natürlichen Vernunft sich die Existenz Gottes plausibel machen, aber z.B. die Menschwerdung Gottes, die Inkarnation oder die Trinität könne der Mensch nicht mit Hilfe seiner natürlichen Vernunft erkennen. Dazu bedürfe es der Offenbarung und des Glaubens.

Die zweite Lösung stammt von Wilhelm von Ockham, der dem Konkurrenzorden der Franziskaner angehörte. Beide Orden lagen in heftiger Fehde miteinander. Ockham nun lehrte, dass aufgrund der Freiheit Gottes die menschliche Vernunft zu überhaupt keiner Gotteserkenntnis in der Lage sei. Die Vernunft habe ihre klaren Grenzen. Und daher sei die Vernunft in Glaubenssachen unbrauchbar, in den weltlichen Wissenschaften hingegen sei sie äußerst nützlich und müsse gepflegt und gefördert werden. Wilhelm von Ockham hat damit auch innerhalb der Theologie die Trennung von Glaube und Vernunft vorbereitet. Auch Ockham wurde vom Papst nach Avignon zu einem Häresie Prozess vorgeladen, dem er sich allerdings durch Flucht entzog. In William von Baskerville hat ihm Umberto Eco in seinem Buch „Der Name der Rose“ ein Denkmal gesetzt. Ockham hatte nun auch von Meister Eckhart gehört, kannte ihn aber nicht persönlich. Er fällt indes er ein wenig schmeichelhaftes Urteil über ihn. Er nannte ihn nämlich einen verrückten Wirrkopf.

Welche Lösung hat dieser Wirrkopf Eckhart nun für die Frage nach dem Verhältnis von Glaube und Vernunft zu bieten? Eckharts Lösung ist nun überaus ungewöhnlich und in einem gewissen Sinne auch bestürzend. Wie der Philosophiehistoriker Kurt Flasch zeigen konnte, verfolgte Eckhart ein theologisches Programm, in dem es darum ging, auch die geoffenbarten Glaubensinhalte als der Vernunft zugängliche Inhalte zu verstehen. Es sollten also auch die zentralen christlichen Glaubensinhalte, wie die Inkarnation, wie die Trinität, der menschlichen Vernunft ohne spezielle Offenbarung zugänglich sein. Dieses theologische Grundsatzprogramm hat Meister Eckhart in seinem Johanneskommentar – passend zur Johanneskirche heute Abend – entfaltet. Und er hat es in seinen Predigten öffentlich verkündet. In dieser theologischen Grundsatzarbeit nun, ist er der gelehrte Magister.

Aber in der Ausführung in der Predigt ist er der mitreißende, enthusiastische, bezaubernde Menschenführer. Damit bin ich bei seiner zweiten Eigenschaft. Meister Eckhart als Mystiker. Hier geht es ihm nicht um trockenes theologisches Wissen, hier geht es ihm nicht um einen blinden, vernunftlosen Glauben, hier geht es ihm nicht um Schwelgen in Gefühlen, oder gar irrationalen Exaltationen. Sondern hier in seinen Predigten setzt er all seine Wortgewalt ein, seine Hörer in eine existenzielle Tiefendimension hineinzunehmen, in der sie in einem Flug, einem Aufschwung und einer Erweiterung ihrer Seele und ihres Geistes innerlich die Einheit von Glaube und Vernunft erleben. Allerdings ist dieser Vernunftbegriff weitergefasst als der der Aufklärung und auch der der modernen Wissenschaft. Eckhart sagt in seinen Reden der Unterweisung: „Dies ist vor allen Dingen nötig: Dass der Mensch seine Vernunft recht und völlig an Gott gewöhne und übe; so wird es allezeit in seinem Inneren göttlich." Es ist ein Vernunftbegriff, der sich am Logos, wie er im Johannesevangelium aufscheint, orientiert. Einem Logos, der weltschöpferisch ist – am Anfang war das Wort – und einem Logos, der Menschengestalt angenommen hat – und das Wort ward Fleisch. Und damit sind wir beim Kern seiner mystischen Botschaft. Der Logos, der die Welt geschaffen hat, der Logos, der in Jesus von Nazareth Mensch geworden ist, kann auch in der menschlichen Seele wirksam werden. Das meint Eckhart mit seiner zentralen mystischen Botschaft: Die Gottesgeburt in der menschlichen Seele. Ereignet sich diese Gottesgeburt im Menschen, dann tritt der Mensch in einen dynamischen Transformationsprozess ein, in dem Glaube, Erfahrung des Göttlichen und Vernunft sich gegenseitig durchdringen. Dieser Transformationsprozess hat Konsequenzen für den Menschen. Ich nenne einige:

- Die menschliche Seele wird immer mehr zum Spiegel der göttlichen Vernunft, die Vernunft wird schöpferisch.

- Es findet eine innere Einigung und Ganzwerdung der oft so zersplitterten Seelenkräfte statt, Ratio und Emotio finden zueinander.

- Die Zeiterfahrung ändert sich: Der Mensch gelangt an die Pforten der Erfahrung der zeitlosen Ewigkeit.

- Die erlebte Verbindung von Zeit und Ewigkeit führt zu einer auf innerer Stärke aufbauenden Gelassenheit.

- Außensteuerung des Verhaltens weicht zunehmend einer Innensteuerung, ein gutes Heilmittel gegen Burn-out.

- Und schließlich: Es kommt zu einer Wirkeinheit zwischen Mensch und Gott.

Wichtig ist auch, dass der Mensch, der in diesen inneren Transformationsprozess eintritt, eine Kraftzufuhr erfährt. Eine Kraftzufuhr, die ihn zu außergewöhnlichen Leistungen befähigt. Und damit bin ich beim dritten Punkt: Meister Eckhart war nicht nur Magister und Mystiker, sondern auch Manager. In seinem Orden hatte er als Prior und Vikar zahlreiche administrative Aufgaben zu bewältigen. Er musste in langen und mühsamen Fußmärschen die Klöster seiner Provinz visitieren, ihren wirtschaftlichen und geistlichen Zustand verbessern, mit den Städten Kontrakte aushandeln und dergleichen mehr. Nebenbei hat er noch drei neue Klöster gegründet, war also, wenn man so will, geistlicher Unternehmer.

Auf dem Höhepunkt seiner intellektuellen, spirituellen und unternehmerischen Karriere kam der jähe Absturz. Neidische Kollegen im Orden – schon damals war Neid die deutsche Form der Anerkennung – und einige theologische Spezialfragen, die wir z.T. heute gar nicht mehr verstehen, führten dazu, dass er sich in Köln und Avignon einem

Häresie Prozess stellen musste. Dort starb er 1328. Die näheren Umstände sind nicht überliefert, sein Grab nicht bekannt. Ein Jahr nach seinem Tod, also 1329, wurden 15 Sätze als häretisch und 11 als übelklingend und der Häresie verdächtig gebrandmarkt. Sinngemäß schrieb der Papst in seiner Bulle *In agro dominico*: Vom Teufel verführt, habe er Dornen und Disteln auf dem Acker der Kirche gesät.

Diese Verurteilung durch den Papst konnte indessen nicht verhindern, dass sich Eckharts Gedanken nach Jahrhunderten des Totschweigens ihren Weg in die Geistes- und Kulturgeschichte bahnten. „Da haben wir ja, was wir suchten" sagte der deutsche Philosoph Georg Wilhelm Friedrich Hegel als er Eckharts Schriften kennenlernte. Das einstige Kultbuch „Haben oder Sein" des Psychologen Erich Fromm ist im Wesentlichen von Fromms täglicher Lektüre der Texte Eckharts inspiriert. Der Schriftsteller Robert Musil hat seinen wichtigen Roman *Der Mann ohne Eigenschaften* an der Mystik Eckharts orientiert.

Und ich bin sicher, dass auch Sie heute Abend sich von Meister Eckhart inspirieren lassen werden. Und damit komme ich langsam zum Schluss: Was kann uns Meister Eckhart heute sagen? Ich meine, er kann uns auf einer psychologischen, philosophischen und theologischen Ebene heute etwas sagen. Ich beginne mit der psychologischen Ebene:

- Innehalten. Wir sind Menschen der Betriebsamkeit und Überbeschäftigung. Wir brauchen aber Orte und Zeiten des Innehaltens und des inneren Leerwerdens. Eckhart spricht von *vacare Deo*: Leerwerden unserer Seele für Gott, damit er sie füllen kann.

- Zweckfreies Spiel. Wir sind Menschen des Planens, des Nutzens- und Erfolgdenkens, des Zweckrationalismus und der Zielvereinbarungen. Das ist auch gut und richtig. Aber die Freiräume für Spontanität, für zweckfreies Spiel werden in einer so durchrationalisierten Welt immer enger. Gerade das zweckfreie Spiel ist aber nach Eckhart das Einfallstor des Göttlichen. Er schreibt: „Menschen, die nach keinen Dingen trachten, weder nach Ehren, noch nach Nutzen, noch nach Belohnung … in solchen Menschen wird Gott geehrt.“ Diese Freiräume müssen wir uns erhalten.

- Gelassenheit und Sammlung. Wir sind Menschen geworden, die ihr ICH, ihr EGO, ihren Eigenwillen ins Zentrum stellen. „Unterm Strich zähl ICH“, heißt es in einem bekannten Werbeslogan, den wir ausgibig studieren können, wenn wir wieder einmal auf der Post in einer Warteschlange stehen. Das könnte ein großer Irrtum sein. Eckhart sagt: „Es gibt keinen Unfrieden, der in dir aufsteigt, der nicht aus dem ICH kommt.“ Unfrieden in der Seele kann heißen, dass sie pendelt zwischen Lebensgier und Lebensangst, so wie der DAX pendelt zwischen Hype und Absturz, und die öffentliche Stimmung zwischen Alarmismus und Depression. Wir sollten das innere Wachstum und die Kultivierung der Seele nicht dem äußeren Wachstum der Wirtschaft opfern. Gelassenheit bei Eckhart heißt in diesem Sinne, dieses ICH, dieses EGO und dessen im Eigenwillen gefangene Angst aufzugeben und so nicht um sich selbst, sondern um Gott zu kreisen. Dann ist diese Gelassenheit keine Willenserschlaffung, sondern im Gegenteil gesammelte geistige Präsenz, die sich aus der Wahrnehmung der Gegenwart des Göttlichen speist.

Ich komme zur philosophischen Ebene. Meister Eckhart war ein Philosoph der Einheit. In seiner eigenen Person hat er diese Einheit von Wissenschaft, Leben und Handeln realisiert, Magister, Mystiker, Manager. In allen diesen Bezügen hat er die Einheit, die Ganzheit die Identität seiner Person gewahrt. Aber es geht nicht nur um die Einheit der Person, sondern auch um die Einheit der Wissenschaft. Je tiefer die Fundamente einer Wissenschaft gelegt sind, desto näher ist sie der Einheit und desto größer ist ihre Integrations- und Strahlkraft. Genau dies hat er für die Wissenschaft und Universität geleistet, wahre universitas, d.h. dem Einen zugekehrt.

Damit komme ich zur theologischen Ebene. Eckhart ist eine einzigartige Verbindung von Theologie und Spiritualität gelungen. Damit ist er auch für heute wegweisend. Theologisches Fachwissen – so wichtig es ist – ist heute nicht mehr ausreichend.

Theologie muss, wenn sie aus der Tiefe schöpft, auch einen Impuls geben für die geistige und seelische Entwicklung des Menschen. Für die evangelische Kirche bedeutet dies, dass sie der mystischen Dimension des Glaubens – dem schöpferischen Herzstück aller Religion – neu Raum gibt.

Liebe Eckhartfreunde

Der heutige Abend ist ein Experiment.

- Ein Experiment mit der Vielzahl unserer Programmpunkte, der Videoinstallation, der Musik, den Vorträgen, der Stilleübung, dem Theaterstück, die sich hoffentlich im Sinne Eckharts zur Einheit, zu einem synästhetischen Gesamtkunstwert fügen.
- Ein Experiment mit Ihnen, liebe Eckhartfreunde, mit ihrem Biorhythmus, und inwieweit Sie sich auf Innehalten, Sammlung, Gelassenheit und Stille einlassen und vielleicht darin sogar Experten werden, so wie einst der *expertus* in der Mystik. Denn der *expertus* ist jemand, der geübt ist in der Erfahrung Gottes.
- Ein Experiment schließlich auch mit Gott, inwieweit er sich heute Abend mit uns einlässt, wenn wir uns selbst lassen. Lass dich selbst, lass Dich Gott.

Und in diesem Sinne möchte ich Sie nun einladen, sich noch einmal der Weite und Schönheit des Gregorianischen Gesangs der Schola Gregoriana unter Leitung von Kantor Ralf Stiewe zu überlassen. Möge diese Musik sie inspirieren, dass auch ihre Seele sich auf den Weg zu Gott begibt. Lass dich selbst, lass Dich Gott.

## Erfahrung der Hoffnung

### Psalm 71, 5+9-10

Denn du bist meine Zuversicht, Herr, mein Gott, meine Hoffnung von meiner Jugend an. Verwirf mich nicht in meinem Alter, verlass mich nicht, wenn ich schwach werde. Denn meine Feinde reden über mich, und die auf mich lauern, beraten sich miteinander und sprechen: Gott hat ihn verlassen.

Liebe Gemeinde,

### Teil I
### Prinzip Hoffnung

die Hoffnung und der Traum auf eine bessere Welt und ein besseres Leben ist besser als Resignation, Anpassung oder verzweifelter Zynismus. Ernst Bloch, ein inzwischen aus der Mode gekommener Philosoph, der vor allem in der DDR gewirkt hat, meinte in seinem Buch *Das Prinzip Hoffnung* „Es kommt darauf an, Hoffen zu lernen." Der Tübinger Theologe Jürgen Moltmann hat dieses Hoffen von Bloch gelernt. Und er hat diese Hoffnung mit seinem Buch *Theologie der Hoffnung* an die dürstende akademische Jugend weitergegeben. Die Hoffnung, dass sich die Verhältnisse, die Umstände, die Gesellschaft, die Welt, ja das Leben überhaupt zum Besseren wenden, diese Hoffnung hat viele Menschen der 70er und 80er Jahre geprägt und beflügelt. Aber es ging und geht nicht nur um die Hoffnung auf bessere Verhältnisse, es geht auch um die Hoffnung auf ein besseres persönliches Leben. Gerade in der Jugend ist die Hoffnung eine große Kraft. Und daher ist es auch verständlich, wenn unser Psalmbeter diesen jugendlichen Überschwang auf das Höchste richtet, nach dem der Mensch sein Leben ausrichten kann – auf Gott:

„Denn Du bist meine Zuversicht, Herr, mein Gott, meine Hoffnung von meiner Jugend an. Auf dich habe ich mich verlassen vom Mutterleib an."

Die Hoffnung and der Traum auf ein besseres persönliches Lesben ist besser als Resignation, Anpassung und verzweifelter Zynismus. In de 70er Jahren hat die Sängerin Peggy March dieses hoffnungsvolle Lebensgefühl in einem unvergessenen Schlager Ausdruck verliehen:

Mit 17 hat man noch Träume
Da wachsen noch alle Bäume
In den Himmel der Liebe

Mit 17 kann man noch hoffen
Da sind die Wege noch offen
In den Himmel der Liebe

Und in der Tat ist die Hoffnung auf ein besseres persönliches Leben und eine bessere Welt eine große Kraft. Diese Hoffnung hält ihren großen Gegenspieler, die Angst, nieder, genauer, sie verwandelt die Angst. Hoffnung beflügelt, Angst lähmt. Zu Recht meinte daher auch Ernst Bloch: „Wenn wir zu hoffen aufhören, kommt, was wir befürchten, bestimmt."

Und in der Tat hat dieser hoffnungsvolle jugendliche Optimismus und Idealismus viele schöne Früchte hervorgebracht. Denken wir z.B. an Albert Schweitzer, dem berühmten Urwalddoktor, der sich in seiner Jugend schwor, sein Leben in den Dienst an den Ärmsten der Armen in Afrika zu stellen, denken wir an die jugendlichen Studenten der Weißen Rose, die ihr Leben riskierten und verloren, um der Diktatur Hitlers entgegenzutreten. Und denken wir an die vielen kleinen Zeichen der Hoffnung, die von der Begeisterungsfähigkeit junger Menschen ausgeht. Gerade als ich diese Predigt schrieb, bekam ich von einer Doktorandin von mir, Chemikerin und angehende Theologin, die Nachricht, dass sie in dem bundesweit ausgeschriebenen Wettbewerb *Die*

*Energie der Zukunft* des Bundesministeriums für Bildung und Forschung zu den Gewinnern zählt. Eine großartige Sache, als Chemikerin den Weg zur Theologie zu finden und seine Hoffnung aktiv für eine bessere, ökologisch ausgewogene Welt umzusetzen. Und unseren Konfirmanden möchte ich zurufen, träumt nicht vom Leben, sondern lebt eure Träume, lebt die Hoffnungen, die ihr in eurem Herzen tragt und setzt sie in die Tat um. Lasst euch von den vielen ermutigenden Beispielen inspirieren!

## Teil II
## Hoffnung und Möglichkeitssinn

Hoffnung beflügelt, Hoffnung reißt mit, Hoffnung inspiriert. Hoffnung schließt die Zukunft auf. Die Hoffnung lebt von einer bestimmten Einstellung zur Wirklichkeit. Die Wirklichkeit ist nur vorläufig, die Wirklichkeit wird vom Hoffenden gewissermaßen in Klammern gesetzt. Wirklicher als die Wirklichkeit ist die Möglichkeit. Der hoffende Mensch ist ein Möglichkeitsmensch. Der große Romancier Robert Musil spricht in seinem Roman Der *Mann ohne Eigenschaften* geradezu von einem Möglichkeitssinn des Menschen. Im hoffenden Menschen siegt der Möglichkeitssinn über den Wirklichkeitssinn.

Allerdings ist dieser Möglichkeitssinn nicht ganz ohne Gefahren. Die eine Gefahr besteht darin, dass man vor lauter Möglichkeiten die Wirklichkeit unter den Händen verliert. Eine gelungene Neuerung aus dem Raum der Möglichkeiten nennen wir anerkennend phantastisch, aber wer sich nur wie Daniel Düsentreib im Raum der Möglichkeiten aufhält und die Wirklichkeit verliert, den nennen wir zu Recht herablassend einen Phantasten. Der dänische Philosoph Sören Kierkegaard hat dieses Ineinander von Wirklichkeit und Möglichkeit in seinem Buch *Die Krankheit zum Tode* eingehend untersucht. Wer sich nur in der Wirklichkeit mit ihren Notwendigkeiten aufhält, ist, so meint er, ein bornierter Realist. Wer sich hingegen nur im Bereich der Möglichkeiten aufhält, ist ein haltloser Phantast. Die wahre Persönlichkeit, und wir können ergänzen der wahrhaft Hoffende, ist eine Synthese von Wirklichkeit und Möglichkeit.

## Teil III

## Scheitern - Erwachsensein

Aber liebe Gemeinde, der mitreißende Schwung jugendlichen Hoffens erlahmt ihrgendwann, meist wenn man erwachsen wird. Dann drängt der Wirklichkeitssinn den Möglichkeitssinn immer mehr zurück. Und wenn dann auch noch die Erfahrung des Scheiterns hinzukommt, wenn die hoffnungsvollen Blütenträume der Jugend verblühen, dann tritt an die Stelle hoffnungsvollen Aufbruchs die realistische, oder sollte man sagen die resignierte Besitzstandswahrung. So ist der Gang der Generationen. Und so sang auch Peggy March:

Doch mit den Jahren wird man erfahren
Daß manche der Träume zerrannen
Doch wenn man jung ist, so herrlich jung ist
Wer denkt, ja, wer denkt schon daran?

Mit den Jahren des Erwachsenwerdens nimmt auch die Anzahl der enttäuschten Hoffnungen zu. Nicht alles, was man sich in der Jugend vorgenommen hat, kann man realisieren. Manche Hoffnung entpuppte sich als Irrweg, als Sackgasse, als unrealistisch. Man kann sich zwar mit Friedrich Rückert trösten: „Schlägt Dir die Hoffnung fehl, nie fehle dir das Hoffen. *Ein* Tor ist zugetan, doch tausend sind noch offen.“ Aber manchmal sind eben keine Türen mehr offen.

War dann die Hoffnung der Jugend trügerisch? Hat der Psalmbeter sich geirrt, als er betete: „Denn Du bist meine Zuversicht, Herr, mein Gott, meine Hoffnung von meiner Jugend an.“ Ein frommer Selbstbetrug? Wenn wir diesen Psalm aber genauer anschauen, dann werden wir feststellen, dass dort nicht von den jugendlichen Hoffnungen die Rede ist, sondern von der Hoffnung auf Gott. Genauer gesagt, es ist von den Möglichkeiten

Gottes die Rede, auf die der Betende hofft. Und diese Möglichkeiten Gottes sind nicht unbedingt identisch mit den Hoffnungen, die wir uns selbst machen. Gott ist ein Gott der schöpferischen Möglichkeiten. Auf wunderbare Weise kommt dies im Hebräerbrief zum Ausdruck: „Es ist aber der Glaube eine feste Zuversicht auf das, was man hofft und ein Nichtzweifeln an dem, was man nicht sieht." Wie aber werden wir auf diese schöpferischen Möglichkeiten Gottes aufmerksam?

Es bedarf einer Sensibilität für das, was Gott uns an Möglichkeiten bereithält. Und wir können diese Sensibilität auf ganz unterschiedliche Weise entwickeln. Unser Beter hatte sie offenbar seit seiner Jugend beständig im vertrauensvollen Gebet entwickelt. Vielleicht ist es auch die Meditation, vielleicht ist es auch eine beglückende oder auch erschütternde Erfahrung, die uns für die Wahrnehmung der Möglichkeiten Gottes sensibilisiert. Gerade das eigene Scheitern kann uns für die Möglichkeiten Gottes öffnen. Das möchte ich nun anhand von drei Beispielen verdeutlichen, Beispiele von Menschen, die mit ihren eigenen Hoffnungen kläglich Schiffbruch erlitten. Es sind Beispiele dafür, dass sich *Gottes* Möglichkeiten gerade denen zeigen können, die mit ihren *eigenen* Möglichkeiten und Hoffnungen gescheitert sind.

*Beispiel 1: Die gescheiterte akademische Karriere.* Stellen sie sich vor, ein Mann von circa 25 Jahren nach Abschluss seines Jurastudiums. Er sucht den Anschluss an die führenden akademischen Kreise. Er schreibt sein wissenschaftliches Erstlingswerk. Hoffnungsvoll lässt er auf eigene Kosten 100 Exemplare drucken, macht Schulden. Sein Erstlingswerk, ein Buch über Seneca, interessiert aber niemanden, es wird ein Ladenhüter. Die akademischen Türen bleiben geschlossen, der junge Mann sitzt auf Schulden, sein wissenschaftliches Werk bleibt unbeachtet. Wir können uns die Verzweiflung dieses jungen Mannes leicht vorstellen. Der gesamte hoffnungsvolle Lebensplan ist ihm zerronen. Dieser junge Mann hieß Johannes Calvin. Aber in dieser verzweifelten Situation entdeckte er – er hatte auch Theologie studiert – die

Möglichkeiten Gottes. Er wandte sich von seinem bisherigen Lebensplan und seinen humanistischen Überzeugungen ab und Gott zu. Ein völlig neues Leben aus den Möglichkeiten Gottes begann. Hören wir seine eigene Beschreibung dieser Wendung seines Lebens: „Aber durch eine plötzliche Bekehrung (*subito conversio*) hat Gott mein Herz, das für mein Alter schon allzu sehr verhärtet war, zum Gehorsam unterworfen. Und als ich auf diese Weise einigen Geschmack an der wahren Frömmigkeit bekommen hatte, entflammte ich zu solchem Eifer, darin weiterzukommen, dass ich die anderen Studien zwar nicht beiseiteschob, aber mich ihnen doch nicht mehr mit derselben Energie widmete. Noch kein Jahr war vergangen, da kamen alle, die begierig nach der reinen Lehre waren, zu mir, dem Neuling und Anfänger, um von mir gelehrt zu werden."

*Beispiel 2: Die tödliche Erkrankung.* Ein Mann in den besten Jahren. Er blickt schon auf eine erstaunliche Karriere zurück, vom Bauernkind aus dem Alpen zu einem führenden Geistlichen seiner Zeit. Er hat Erfolg und er denkt auch an die, denen es schlecht geht, die krank sind. Insbesondere an die, die todkrank sind, an solche, mit denen man den Kontakt meidet. Denn es ist gefährlich, mit diesen Kranken Kontakt zu haben und - sie stinken. Sie stinken wie die Pest. Es sind Pestkranke. Unser erfolgreicher Geistliche ist sich nicht zu schade in Ausübung seines geistlichen Berufs die Pestkranken zu besuchen, ihnen Trost und die Sterbesakramente zu spenden. Und dann erkrankt er selbst an der Pest, wird todkrank, weiß, er wird bald sterben. Er bereitet sich auf seinen Tod vor und schreibt ein Lied. Er nennt es Pestlied: Hier ein Teil dieses bewegenden Liedes:

Hilf, Herr Gott, hilf in dieser Not!
Mir scheint, der Tod stehe an der Tür;
Christus stell dich entgegen ihm,
Denn du hast ihn überwunden.
Zu dir schreie ich.

Ist es dein Wille, so zieh heraus den Pfeil,
Der mich verdirbt,
Der nicht eine Stunde lässt mich haben Ruh und Rast.
Willst du denn doch mich haben tot inmitten meiner Tage,
So willige ich gerne ein.
Tu wie du willst;
Nichts halte ich für unannehmbar.
Dein Gefäß bin ich; stelle es wieder her oder zerbrich es.

Dieser Todgeweihte ist Huldrich Zwingli. Zwingli wird wieder gesund. Er überwindet die Pest. Und er wird zum Reformator Zürichs.

*Beispiel 3: Der Irrende im Glauben.* Ein junger Mann, der es mit der Religion und dem Glauben ganz ernst nimmt. Er nimmt es so ernst, dass er sein religiöses Heil im Kloster sucht. Jahr um Jahr gibt er sich den strengsten religiösen Übungen hin. Er fastet, er betet, er singt Choräle, er übt sich in Demut, er tut gute Werke, er erforscht sein Gewissen, er sucht nach der besonderen religiösen Erfahrung, er studiert die Schrift. Aber alle seine Mühen tragen keine Frucht. Er findet weder im Fasten, im Nachtwachen, in der Demut, im Gewissen Ruhe und Heil. Er ist am Rande der Verzweiflung. Dieser junge Mann, sie wissen es schon, ist Martin Luther. In dieser Verzweiflung aber macht er eine große Entdeckung: Er entdeckt, dass das Heil in Gott nicht von all diesen Dingen abhängt, sondern einzig vom Glauben. Das ist wie eine neue Geburt für ihn. Der neu gefundene Glaube befreit ihn zum neuen Leben. Später in seinem autobiographischen Lebensbericht spricht Luther davon, dass sich ihm bei dieser Erkenntnis die Pforten des Paradieses aufgetan hätten.

Drei Menschen, deren Hoffnung, deren Lebenskonzept vollkommen gescheitert war, beruflich, gesundheitlich, religiös. Drei Menschen, die gerade darin des schöpferischen Wirkens Gottes, seiner neuen Möglichkeiten inne wurden.

## Teil IV
## Selbsthingabe

Wie ist das möglich? Allen drei großen Reformatoren wurde eine Erfahrung geschenkt, im eigenen Scheitern für das Wirken Gottes offen zu werden. Bei Zwingli kommt das besonders zum Ausdruck: „Willst du denn doch mich haben tot inmitten meiner Tage, so willige ich gerne ein. Tu wie du willst; Nichts halte ich für unannehmbar. Dein Gefäß bin ich; stelle es wieder her oder zerbrich es.“ Es ist die Preisgabe des eigenen Ich. Dieses Ich, dieses goldene Kalb, um das wir alle tanzen, dieses alte Ich, dieser alte Adam muss sterben, damit die neuen Möglichkeiten Gottes in uns wirksam werden können.

Und wir können es auch positiv ausdrücken: Der Preisgabe des Ich, der Selbstpreisgabe, entspricht die Selbsthingabe an Gott. Und dann kann die Niederlage des eigenen Ichs und seiner Hoffnungen zum Sieg Gottes über unsere Ichverhaftung werden, so dass er mit seinen Möglichkeiten in uns wirken kann. Sehr schön hat dies Siegfried Lenz ausgedrückt: „Es trifft gewiss zu, dass die Hoffnung eine Gnade ist. Aber fraglos ist sie eine schwierige Gnade. Sie fordert zuweilen unsere Bereitschaft, auch im Scheitern eine Chance zu sehen, in der Niederlage eine neue Möglichkeit.“ Aus den Niederlagen dieser drei großen Männer wurde der Sieg Gottes mit allen positiven Folgen für die Menschen in der Kirche und für die Gesellschaft überhaupt. Und diese Möglichkeit steht auch uns offen. Jeder Mensch kennt in unterschiedlichem Ausmaß solche Erfahrungen des Scheiterns. Auch Gesellschaften können an ihren Aufgaben scheitern. Aber jeder Mensch und die Gesellschaft haben auch die Möglichkeit, sich von dieser Erfahrung der Selbsthingabe an Gott im Scheitern erneuern zu lassen.

Stellen sie sich einmal vor, unser ehemaliger Ministerpräsident Roland Koch hätte sich angesichts des Scheiterns seiner Finanz- und Bildungspolitik auf eine Erfahrung dieser Art eingelassen. Er hätte sich dann sicher nicht schmählich aus der Verantwortung gestohlen, um bei denen das große Geld zu verdienen, die die Finanzkrise mit verursacht haben.

Halten wir inne und schauen zurück:

Hoffnung in der Jugend: Das ist der enthusiastische Überschwang, das beherzte Ergreifen neuer Möglichkeiten. Hoffnung im Erwachsenenalter: Das ist die Balance zwischen Wirklichkeitssinn und Möglichkeitssinn und die Chance, sich ganz auf die Möglichkeiten Gottes einzulassen – selbst im Scheitern. Und was ist mit der Hoffnung im Alter? Dann, wenn das meiste des Lebens schon gelebt ist. Gibt es dann noch etwas zu hoffen? Unser Psalmbeter äußert seine Befürchtungen:

„Verwirf mich nicht in meinem Alter, verlass mich nicht, wenn ich schwach werde." Die Angst vor dem Alleinsein, der Isolation, der Schwäche treibt den Beter um. Und dazu kommt die Angst vor den der Böswilligkeit der lieben Mitmenschen.

„Denn meine Feinde reden über mich, und die auf mich lauern, beraten sich miteinander und sprechen: Gott hat ihn verlassen."

Das ist eine Befürchtung, die wir in unserer alternden Gesellschaft gut nachvollziehen können. Hoffnung im Alter? Was ist, wenn der Beruf wegbricht? Wenn die Zahl der Bekannten und Freunde zunehmend geringer wird? Wenn wir keinen Sinn mehr sehen in unserem Leben und die Kräfte zusehends nachlassen? Mehr noch, wenn wir vielleicht von Gedanken geplagt werden, unser Leben nicht richtig gelebt zu haben? Oder wenn uns im Alter eine alte Schuld quält? Das Ideal ist doch, sich als alter Mensch sagen zu können, dass das Leben gut war, dass es sinnvoll war und dass man mit sich selbst und den Seinen versöhnt zurückschauen kann, wie einst Abraham, der „lebenssatt" seine alten Tage leben konnte.

Hier müssen wir unseren Psalmbeter verlassen. Denn er wusste noch nichts vom ewigen Leben. Unsere christliche Hoffnung geht über unser irdisches Leben hinaus. Das gibt

Gelassenheit und Lebensmut. Wissenschaftliche Untersuchungen haben ergeben, dass Menschen, die ein aktives weltliches Leben, getragen von Glaube und Hoffnung, und zugleich den Glauben und die Hoffnung auf ein ewiges Leben haben, hier auf Erden mit der höchsten Lebenserwartung gesegnet sind. Kann es schönere Früchte der Hoffnung geben?

Liebe Gemeinde,
die Hoffnung und der Traum auf eine bessere Welt und ein besseres Leben ist besser als Resignation, Anpassung oder verzweifelter Zynismus. Aber es kommt darauf an, nicht nur zu hoffen, sondern auch die ersten Schritte zu tun, damit die Hoffnung Wirklichkeit wird. Und es kommt darauf an, bei diesen Schritten der Hoffnung niemanls Gott und seine neuen Möglichkeiten aus dem Blick zu verlieren. Dann wird sich ein Weg in die Zukunft bahnen, persönlich, als Gemeinde, Kirche und Gesellschaft. Der chinesische Dichter LU Xin sagte: „Hoffnung ist wie ein Pfad. Am Anfang existiert er noch nicht. Er entsteht erst, wenn wenn viele Menschen den gleichen Weg gehen.“ Amen

*Diese Predigt wurde im Oktober 2011 im Rahmen der Hochschulgemeindegottesdienste in der Petruskirche in Gießen gehalten.*

## Erfahrung des Abgrunds

### Liedpredigt zu: EKG 16: Die Nacht ist vorgedrungen (Jochen Klepper)

Liebe Gemeinde,

Wer zwischen den Fronten lebt, lebt gefährlich, lebt bedroht. Jochen Klepper hat ein Leben zwischen den Fronten gelebt. Dieser beständig bedrohen Existenz hat Jochen Klepper sein literarisches Werk abgerungen, es trägt daher in allen Stücken biografische Teile in sich. Es waren viele Fronten, zwischen die er geriet. Sehen wir sie uns etwas genauer an.

Jochen Klepper war ein sehr familienorientierter Mensch, die Geborgenheit in der Familie bedeutete ihm viel. Und doch hat er schwere Konflikte mit seinem Vater ausgefochten, die ihn an den Rand der Verzweiflung brachten. Als er seine jüdische Frau kennenlernte und sie heiratete, konnte er dies nur unter dem Preis des Bruches mit seiner Familie tun. Der protestantischen Pfarrersfamilie war eine jüdische Schwiegertochter nicht willkommen.

Jochen Klepper war ein national gesinnter evangelischer Theologe. Er hat sich den Sieg über England gewünscht und ist offenbar auch aus Überzeugung Soldat gewesen. Aber die Machthaber des III. Reiches wollten noch nicht einmal seinen Dienst mit der Waffe und entließen ihn wegen „Wehrunwürdigkeit“.

Jochen Klepper wollte mit seinem literarischen Hauptwerk *Der Vater* Friedrich II ein Denkmal setzen und damit den alten preußischen Tugenden. Aber die Machthaber missbrauchten dieses Werk, um ihren Kadavergehorsam zu legitimieren.

Jochen Klepper führte seine Frau Hanni, die als Jüdin keinen Platz in der Kirche hatte, zur Taufe und damit zum christlichen Glauben. Aber die thüringische Landeskirche verriet ihre judenchristlichen Mitglieder und schloss sie aus der Kirche aus. Um den Preis eines Judaskusses mit den Machthabern verriet sie die Gültigkeit ihres eigenen Sakraments der Taufe.

Was aber hat ihn in all diese Bedrängnisse gebracht? Ich denke, es war seine Liebe zur Wahrheit und sein unbedingtes, kompromissloses Festhalten daran, was er meinte als Wahrheit erkannt zu haben. Letztlich war es die Wahrheit Jesu Christi, die er in seinem Lied zum Ausdruck brachte, die Wahrheit Christi, der von sich sagt: Ich bin der Weg, die Wahrheit und das Leben. Für das Einstehen für diese Wahrheit war ihm kein Preis zu hoch, selbst nicht der Preis seines Lebens.

Dieses Festhalten an der Wahrheit hat ihn in Tiefen der menschlichen Existenz geführt, die ihm verschlossen geblieben wären, hätte er die Orientierung an der Wahrheit zugunsten des Interesses oder des Kompromisses aufgegeben.

## Teil II
## Wahrheit - Interesse

Wir können die Frage stellen, ob sich Jochen Klepper in seiner Wahrheitsliebe nicht getäuscht hat. War Jochen Klepper am Ende ein ehrlicher Dummkopf?

Wir können mit Recht fragen, ob es nicht besser gewesen wäre, Jochen Klepper hätte wie die Männer des 20. Juli Widerstand geleistet, statt in frommer Duldung zu verbleiben. Als er aus der Reichsschriftumskammer, der Standesorganisation der Schriftsteller, ausgeschlossen wurde, was seine Existenz als freier Schriftsteller aufs Äußerste bedrohte, schrieb er in sein Tagebuch: „Es geschieht um Hannis (=seine jüdische Frau) wegen. Ich glaube nicht an Aktionen. Gott will im Dunkeln wohnen und das Dunkel kann nur durchstoßen werden durch das Gebet.“ Die Formulierung „Gott will im Dunkeln wohnen“ findet sich seinem Lied wieder, das er einige Tage später verfasste.

Wir zögern, wenn wir fragen, ob es nicht besser gewesen wäre, wäre er mehr Kompromisse eingegangen, hätte linientreue Literatur verfasst. Und wir zögern noch mehr, wenn wir fragen, ob es nicht besser gewesen wäre, er hätte sich um seines Interesses willen von seiner jüdischen Frau getrennt, wie ihm von den Machthabern nahegelegt wurde. Wir spüren, die Wahrheit dieser Liebe konnte keinem Interesse geopfert werden. Wir spüren, dass die Wahrheit größer und wertvoller ist als das Interesse. Und vollends zögern wir, wenn wir fragen, ob er sich nicht vielleicht auch in seinem Glauben getäuscht hat. Und doch bleibt die Frage, warum sein Gott ihn in den Tod gehen ließ. Jochen Klepper ist einer der ganz wenigen Menschen gewesen, der in einer Zeit, als die Wahrheit vollkommen dem Interesse geopfert wurde, für seine Wahrheit mit seiner ganzen Existenz eingetreten ist. Die Wahrheit war in der Zeit des Dritten Reiches ganz aus dem öffentlichen Raum verbannt, alles wurde dem Interesse untergeordnet, dem Interesse des Abgottes der Macht: die Wissenschaften, die Kunst, die Musik.

Die Physik wurde eine Physik des Flugs von Kanonenkugeln, die Chemie eine Chemie der Sprengstoffe, die Kunst zur Ideologie des heldischen Menschen, die Musik zur Marschmusik, die Information zur Propaganda.

Diese Zeit ist Gott sei Dank vorbei. Jochen Klepper war ein Mensch, der in dieser Zeit der Gottesfinsternis um einen hohen Preis das Licht der Wahrheit hochgehalten hat und der in all der Finsternis durch sein Leben bezeugt, dass er Gott in dieser Finsternis nahe war. Er ist damit ein Hoffnungszeichen für alle Menschen, die heute unter den mannigfaltigen Verdunkelungen des Lebens leiden und auf Gott hoffen.

## Teil III

## Wahrheit und Interesse heute

Liebe Gemeinde,

Jochen Klepper wusste sich einer umfassenderen Wahrheit verpflichtet, und Kampf um Interessen war offenbar seine Sache nicht. Wie steht es heute um das Verhältnis von Wahrheit und Interesse? Wem fühlen wir uns mehr verpflichtet: Der Wahrheit oder dem Interesse?

Es ist wichtig und richtig, dass man seine Interessen kennt und für sie eintritt und für sie kämpft. Und es ist wichtig und richtig, dass dies in zivilisierten und friedlichen Formen geschieht, ohne Intrigen, in Fairness, ohne Randale und ohne Übervorteilung. Und zu Recht sprechen wir heute von Interessenausgleich. Aber ist diese Orientierung am Interesse die ganze Wahrheit und ist sie dem Menschen als Ganzem zuträglich?

Der Frankfurter Philosoph Jürgen Habermas hat die Formulierung vom „Erkenntnis leitendem Interesse geprägt“. Er wollte damit sagen, dass hinter jedem Wahrheitsanspruch auch ein Interesse steht und dass es letztlich immer nur um Interessen geht. Das Interesse der Nazis war die Macht, dem sie alles unterordneten. Macht ist heute ein Tabu in Deutschland, zumal militärische Macht. Was aber ist unser vorrangiges Interesse heute?

Nun, ich denke, das vorrangige Interesse des Wirtschaftswunderlands Deutschland ist die Ökonomie. Das ist im Prinzip nichts Schlimmes. Aber wie weit kann man die Ökonomisierung treiben, ohne dass das Leben, ohne dass die Wahrheit Schaden leidet?

Die Ökonomisierung unseres Lebens schreitet ständig voran, macht sich immer neue Bereiche dienstbar. Das ist in Maßen in Ordnung, aber es macht sich Unbehagen bemerkbar, wenn das ganze Leben der Logik der Ökonomie unterworfen wird.
Bildung ist heute ein Faktor der Ökonomie, genauer sollte man sagen Ausbildung. Weltweit gibt es aus wirtschaftlichen Gründen eine Konkurrenz um die besten Köpfe. Die Universitäten suchen sich zunehmend die besten Studenten aus. Die Ausbildung an den Universitäten wird zunehmend auf die Belange der Wirtschaft abgestellt. Die inzwischen in Hessen wieder abgeschafften Studiengebühren waren ein weiteres Indiz. Unbehagen macht sich breit. Ist Bildung an den Universitäten nicht *mehr* als Ausbildung, so wie der Name Universität ja auch schon signalisiert – umfassende Bildung? Der gegenwärtige Bildungsstreik ist sicher Ausdruck dieses Unbehagens. Als die neue ESG auf dem neuen Campus Westend in Frankfurt eingeweiht wurde, sagte der damalige Präsident: „Sie sind für den Sinn zuständig“. Ist denn die übrige Bildung, oder Ausbildung an der Universität ohne Sinn?

Die Medizin wird zunehmend ein Faktor der Ökonomie. Konzerne betreiben Krankenhäuser wegen ökonomischer Interessen. Das muss nicht unbedingt schlecht sein. Aber was ist, wenn sich alles dem Diktat der Ökonomie beugen muss? Was ist, wenn die medizinische Grundlagenforschung darunter leidet, was ist, wenn die Heilung des Patienten nur noch unter Kostengesichtspunkten gesehen wird, was ist, wenn die Zweiklassenmedizin weiter voranschreitet. Unbehagen macht sich breit. Die neulich geplatzte Podiumsdiskussion „Der verkaufte Patient“ ist sicher Ausdruck dieses Unbehagens.

Die Seele wird zunehmend ökonomisiert. Allein die Leistung zählt. Nur der Erfolg ist entscheidend. Seine Interessen gegen den anderen durchsetzen. Der Konkurrenzdruck in den Forschungslabors steigt. Verliert die Wissenschaft nicht ihre Seele, wenn sie nur noch Interessen dienen soll? Fälschungen von Forschungsergebnissen im

Erfolgsinteresse? Tendenz steigend. Tendenz steigend auch die Verwüstungen in den Seelen derer, die sich diesem Ziel ganz ergeben haben. Der Selbstmord des Torhüters Enke – Opfer dieser Ökonomisierung der Seele im Sport – ist nur die Spitze des Eisbergs. Unbehagen macht sich breit.

Die Medien sind schon vollständig ökonomisiert. Es geht um Einschaltquoten, nicht um Wahrheit, das ist klar. Dazu ist jedes Mittel recht. Und offenbar sind die Meinungsmacher der Ansicht, je dümmer die Sendung, desto höher die Einschaltquoten. Kinder verkümmern vor dem Fernseher, wenn sie stundenlang schwachsinnige Sendungen sehen, Pädagogen sind alarmiert. Unbehagen macht sich breit.

Und schließlich: Wir stehen am Beginn der Ökonomisierung von Religion, auch innerhalb der Kirche. Leider muss man sagen, dass die Kirchenleitungen sich nahezu zwanghaft dem Diktat der Kirchensteuer unterworfen haben. Nichts gegen eine schuldenfreie Finanzpolitik in der Kirche. Aber wo ist bitteschön der Schwung des Glaubens? Aber auch außerhalb der Kirche ist diese Tendenz erkennbar. „Was bringt mir der Glaube, was bringt mir Religion?“ ist eine Frage, die man immer häufiger hören kann. Und dann sucht man sich eine Religion auf dem Markt, die einem was bringt, man scheut sich zu sagen, die dem eigenen Interesse dient. Inzwischen gibt es auch Forschungen, die danach fragen, ob religiöse Menschen nicht einen Vorteil von ihrer Religiosität haben, ob sie ihren Interessen dient, ob sie gesünder, leistungsfähiger sind, mehr Kinder haben oder länger leben. Was hätte Jochen Klepper dazu gesagt? Wäre es da nicht besser gewesen, sich scheiden zu lassen und der gleichgeschalteten Kirche der Deutschen Christen beizutreten?

## Teil IV
## Wahrheit - Interesse

Liebe Gemeinde,

Wahrheit und Interesse sind nicht deckungsgleich. Warum? Schauen wir uns das Interesse einmal genauer an. Das Interesse belässt den Menschen *bei sich selbst*, seinem eigenen kleinen Ich. Und es gibt Menschen, die nur um sich selbst kreisen, nur ihre eigenen Interessen im Sinn haben. Das Interesse verkürzt den Menschen auf sich selbst, verschließt ihn in sich selbst. Es hat eine Sogwirkung nach unten zu unserem kleinen Ego. Und irgendwann, vielleicht, merkt man, dass dann etwas fehlt. Das muss wohl auch Jürgen Habermas gespürt haben, der Philosoph des Interesses, als er meinte, dass der Mangel an Glauben, dass der Verlust des Glaubens an die Auferstehung, einen Leerraum hinterlassen habe. Eine Gesellschaft, die das Interesse zum Gott macht – vor allem das ökonomische Interesse – muss sie nicht hohl und leer sein?

Schauen wir uns nun die Wahrheit einmal genauer an. Die Wahrheit – umfassend im Sinne des Glaubens verstanden – schließt den Menschen auf. Sie schließt ihn auf für die Wahrheit Gottes, die größer ist als das Interesse des Menschen. Sie schließt den Menschen auf zu einer größeren und umfassenderen Einheit, zu einem größeren und umfassenderen Sinn und sie schließt den Menschen auf zu einer umfassenden Freiheit.

Und wenn wir uns im Glauben an diese Wahrheit Gottes – verkündet und gelebt in Wort und Musik – hingeben, dann können wir auch etwas von dieser Einheit erleben. Wir können erleben, dass wir in dieser wunderbaren Verbindung von Wort und Musik eins mit uns selbst werden. Denn die Musik spricht unsere Seele und tiefsten Gefühle an, die Freude und die Hoffnung ebenso wie die Angst und die Verzweiflung. Und das Wort spricht unseren Verstand an. Die Verbindung von Wort und Musik verbindet daher Gefühl und Verstand, macht uns auf diese Weise eins mit uns selbst und damit heil.

Aber diese Verbindung von Wort und Musik macht uns nicht nur eins mit uns selbst, sondern schließt uns auch zusammen mit unseren Mitmenschen, wenn wir gemeinsam singen und musizieren. Es entsteht eine noch größere Einheit. Und so werden wir im Glauben an die umfassendere Wahrheit Gottes, indem wir uns ihr in Wort und Musik anbetend und singend hingeben, hinausgehoben über uns selbst zu einem größeren Ganzen.

Auch die Wahrheit – die Wahrheit des Glaubens – entfaltet eine Sogwirkung. Aber nicht nach unten in unser kleines Ich wie das Interesse, sondern nach oben, zu Gott, indem sie unsere Seele in Christus und damit in Gott festmacht. Wenn Christus von sich selbst sagt: „Ich bin der Weg, die Wahrheit und das Leben" – und wenn er ergänzt, „die Wahrheit wird euch frei machen" – dann zeigt er den Weg in eine noch umfassendere Einheit, ein noch umfassenderes Ganzes in eine noch umfassendere Wirklichkeit, an der wir oft völlig vorbeileben, weil wir in der verkürzten Wirklichkeit des Interesses und ihrer Frontlinien gefangen, man könnte auch sagen, geblendet sind.

Denn es ist Christus, der die Frontlinien des Lebens, die uns so oft zerreißen, überwunden und zu einer Ganzheit in Gott zusammengefasst hat: Leben und Tod, Wahrheit und Lüge, Liebe und Macht, Zeit und Ewigkeit, Schuld und Vergebung. Und er konnte dies, weil er selbst ebenfalls zwischen allen Fronten saß – so wie Jochen Klepper. Und auch er ist ein Opfer geworden, weil er zwischen den Fronten immer an der Wahrheit festhielt. „Was ist Wahrheit?" fragte er den Soldaten und Frontkämpfer Pontius Pilatus, bevor dieser Jesus Christus im Interesse das römischen Reiches und unter Ignorierung der Wahrheit in den Tod schickte. Aber Gott hat sich in der Auferstehung Jesu zu dieser Wahrheit bekannt, Gott hat Jesus recht gegeben und nicht Pilatus. Das Opfer Jesu am Kreuz war daher die Überwindung aller lebenszerstörenden Frontlinien und das Angebot eines erneuerten versöhnten Lebens jenseits der Fronten.

Und daher ist Christus der Maßstab der Ganzheit eines geheilten Lebens und der Maßstab der Wahrheit. Diesem Christus und seiner Wahrheit– auf dessen Geburtstag an Weihnachten wir uns in adventlicher Vorfreude ausrichten – dürfen wir uns mit unserem ganzen Leben in all seinen Dunkelheiten, Spannungen und Frontverläufen anvertrauen. Er, der Erlöste, er das Licht, das in die Dunkelheit gekommen ist, will auch uns erlösen, von unseren Dunkelheiten, Selbsttäuschungen, von unserem kleinen Ego und seinen Interessen. An seiner Wahrheit – die Wahrheit, die uns befreien will – werden auch wir dereinst gemessen werden – wenn wir vor Gott unserem Richter stehen. Und so ist der letzte Vers aus Jochen Kleppers Lied eine große Einladung an uns, uns der Wahrheit, der Freiheit und damit letztlich der Freude Christi zu unserem Heil hinzugeben.

Gott will im Dunkel wohnen
und hat es doch erhellt.
Als wollte er belohnen,
so richtet er die Welt.
Der sich den Erdkreis baute,
der lässt den Sünder nicht.
Wer hier dem Sohn vertraute,
kommt dort aus dem Gericht."
Amen

*Diese Predigt wurde im Oktober 2010 im Rahmen der Hochschulgottesdienste in der Petrusgemeinde in Gießen gehalten.*

## Biografie Jochen Klepper

1903: Geburt in Beuthen an der Oder als Sohn eines pietistischen Pfarrers

1921: Nach Besuch des Gymnasiums Abitur und Beginn des Theologiestudiums

1926: Abbruch des Theologiestudiums aufgrund von finanziellen und gesundheitlichen Problemen.

1931: Heirat der jüdischen Witwe Johanna Stein. Zwei Stieftöchter. Bruch mit der eigenen Familie aufgrund des jüdischen Glaubens seiner Frau

1926-1933: Journalist in Breslau

1933 Neuanfang in Berlin als Rundfunkjournalist. Im gleichen Jahr Entlassung aus dem Rundfunk aufgrund des jüdischen Glaubens seiner Frau

1933-1935: Lektor beim Ullstein Verlag

1935: Im Vorgriff auf die Nürnberger Rassengesetze Entlassung aus dem Ullsteinverlag. Zunehmende Isolation der Familie. Verwandte und Freunde ziehen sich zurück. Stieftöchter können ihre schulische Ausbildung nicht abschließen.

1937: Veröffentlichung des Romans „Der Vater“, sensationeller Erfolg. Pflichtlektüre für Offiziere der Wehrmacht. Anschließend Ausschluss aus der Reichsschrifttumskammer. Wenige Monate später Sondergenehmigung unter Zensurbedingungen zu publizieren.

1937: (Dezember) Dichtung des Liedes „Die Nacht ist vorgedrungen“.

1937/38: Vertonung des Liedes durch Johannes Petzoldt.

1938: Taufe seiner Frau und kirchliche Trauung.

1939: Verrat der Kirche: Ausschluss aller Judenchristen und Judenchristinnen aus der evangelischen Landeskirche Thüringens. Dazu Tagebucheintragung Kleppers am 28. Februar 1939:„Das habe ich nicht für möglich gehalten. Ich sehe darin das Ungeheuerlichste, das bisher im Dritten Reich geschehen ist.“

1939: Flucht der Stieftochter Brigitte nach England.

1940/41: Soldat der Wehrmacht in Russland

1941: Entlassung aus der Wehrmacht wegen „Wehrunwürdigkeit“ aufgrund der jüdischen Herkunft seiner Frau. Staatlicher Druck, sich scheiden zu lassen.

1941: Androhung der Deportation seiner Stieftochter Renate in ein KZ. Weigerung der Schweiz sie aufzunehmen.

1942: Bereitschaft Schwedens seine Stieftochter aufzunehmen. Sondergenehmigung durch Innenminister Frick zur Ausreise nach Schweden. Unmittelbar danach: Aufhebung der Sondergenehmigung durch Eichmann. Ankündigung der Deportation. Kaum erträgliche Isolation der Familie.

12. Dez. 1942: Gemeinsamer Selbstmord der Familie Klepper. Letzte Tagebucheintragung 10 Dez. 1942: Letzte Tagebucheintragung: „Nachmittags die Verhandlung auf dem Sicherheitsdienst. Wir sterben nun – ach, auch das steht bei Gott. Wir gehen heute Nacht gemeinsam in den Tod. Über uns steht in den letzten Stunden das Bild des segnenden Christus, der um uns ringt. In dessen Anblick endet unser Leben.“

## Erfahrung des Glaubens

### Genesis 12, 1 – 3

Und der Herr sprach zu Abram. Geh aus deinem Vaterland und von deiner Verwandtschaft und aus deines Vaters Hause in ein Land, das ich dir zeigen will. Und ich will dich zum großen Volk machen und will dich segnen und dir einen großen Namen machen und du sollst ein Segen sein. Ich will segnen, die dich segnen, und verfluchen, die dich verfluchen; und in dir sollen gesegnet warden alle Geschlechter auf Erden.

### Teil I: Leben ohne Zukunft

Liebe Gemeinde,
Wann haben Sie eigentlich das letzte mal darüber nachgedacht, was aus Ihnen wird. Und welches Bild, welche Vorstellung von sich selbst hat sich dabei bei Ihnen eingestellt.

- Im Alter von 10, als Sie Zugführer oder Tierärztin werden wollten?
- Im Alter von 20, als Sie sich vielleicht vorgestellt haben, wenn Sie 40 sind, es entweder als Professor, Manager oder Chefarzt geschafft zu haben?
- Im Alter von 30, als die Frage nach der Familie ja oder nein immer drängender wurde
- Im Alter von 40, als die ersten Zweifel der midlifecrisis schon an Ihnen nagten?
- Oder – ich mache jetzt mal einen Sprung – mit 65, als nach Ende des Berufslebens entweder die große Freiheit angebrochen ist oder die große Depression.

Die Frage nach der eigenen Zukunft ist jedem Menschen, der sich nicht treiben läßt, aufgegeben, es ist ihm aufgegeben eine Antwort zu finden und diese Antwort auch zu verwirklichen. Fragen Sie sich: Haben Sie das getan? Und was ist dabei herausgekommen?

Aber diese Frage und Aufgabe ist nicht nur jedem einzelnen aufgegeben, sondern auch jedem Volk. Und daher möchte ich nun die Perspektive des einzelnen weiten und danach fragen, wie wir als Deutsche eigentlich unsere Zukunft sehen, welche Antworten wir finden und wie wir diese Antworten verwirklichen. Natürlich gibt es darüber keine verlässlichen Erkenntnisse, aber es wäre sicher eine lohnende Aufgabe für Soziologen, dies in einer großangelegten Untersuchung einmal herauszufinden. Aber vielleicht reicht es auch, einzelne punktuelle Stimmungsbilder sich einmal zu vergegenwärtigen. Und dazu biete ich Ihnen nun 3 Stimmungsbilder aus dem realen Leben an.

1. Stimmungsbild: Letztes Wochenende sah ich unmittelbar hinter der ehemaligen innerdeutschen Grenze im heutigen Mecklenburg – Vorpommern an einer Tankstelle ein t-shirt mit der Aufschrift "(N)Ostalgie". Darunter war dann bildlich dargestellt, was früher alles besser war: sichere Renten, sichere Arbeitsplätze, mehr Kollegialität, mehr Zeit, etc.
2. Stimmungsbild: Vor einigen Wochen sah ich im Seltersweg ebenfalls ein t-shirt mit einer Aufschrift. Diese Aufschrift lautete: "Ich bin mit der allgemeinen Lage unzufrieden".
3. Stimmungsbild: Ich nehme teil an einem Einschulungsgottesdienst für Erstklässer. Der Pfarrer predigt. Er predigt über die Angst, über die Angst der Eltern ihre Kinder loszulassen, über die Angst der Kinder vor dem Neuen, über die Angst der Lehrer vor den neuen Schülern.

Diese drei Bilder haben eines gemeinsam: Sie signalisieren die Unfähigkeit von uns Deutschen, ein positives Bild unserer Zukunft zu entwerfen und entsprechend danach zu handeln und es in die Tat umzusetzen. Der eine flieht nostalgisch in eine angeblich bessere Vergangenheit, der andere schaut mürrisch in die Gegenwart und der dritte angstvoll in die Zukunft.

Wir Deutsche lieben es ja sehr Weltmeister zu sein, daran können wir uns auch berauschen. Und wir sind auch Weltmeister: Weltmeister in Zukunftsangst, Weltmeister im Jammern, Weltmeister in der depressiven Blockade unsere selbst. Ja, es ist diese depressive Blockade der Angst, die wie ein Grauschleier unseren klaren Blick vernebelt und wie eine ständing angezogene Handbremse uns daran hindert, aktiv unsere Zukunft in die Hand zu nehmen. Auch der Blick vom Ausland bestätigt diese Diagnose: Man spricht von "the German angst", oder wie mir neulich ein amerikanischer Manager sagte: "In Germany everything is locked".

Natürlich gibt es für diese Verstimmung auch Gründe. Unser Land erlebt im Augenblick nie dagewesene Veränderungen: Hohe Arbeitslosenzaheln, Hartz IV, Gesundheits und Rentenreform, Kopftuchstreit, Verarmung und Verwahrlosung. Die Liste ließe sich fortsetzen. Aber: Probleme hat es immer gegeben und andere Völker gehen mit viel gravierenderen Problemen viel lockerer um.

Wir verscherzen uns unsere persönliche Zukunftsfähigkeit und unsere Zukunftsfähigkeit als Volk, wenn es uns nicht gelingt, diesen lähmenden Bannkreis von Angst, Depression und Mißmut, dieses ständige Kreisen um uns selbst und unsere Befindlichkeit zu durchbrechen.

Soweit die Diagnose. Doch wie sieht die Therapie aus? Auch dazu möchte ich Ihnen eine Frage stellen.

Wann haben Sie sich das letzte mal gefragt – oder haben Sie sich überhaupt je gefragt, welches Bild Gott von ihnen und ihrer Zukunft hat? Denken Sie einmal einen Augenblick nach! Sie merken: Diese Frage – welches Bild hat Gott von mir und meiner Bestimmung hat – verändert schlagartig mein Bild von mir selbst. Wer sich auf diese Perspektive einlässt, merkt, dass nicht mehr die Sorge und die Angst mein

Zukunftshandeln bestimmt oder blockiert, so wie es uns der Philosoph Martin Heidegger einzureden versucht hat. Vielmehr bricht das Bild, das Gott von mir hat, von außen gewissermaßen dieses ständige Kreisen um mich selbst auf und setzt mich frei, diesem Zukunftsbild Gottes von mir zu folgen.
Liebe Gemeinde, was ich Ihnen heute predigen will, ist starker Tobak, es ist ein theologischer Paukenschlag! Es ist nicht mehr und nicht weniger, als wirklich einmal Ernst damit zu machen, was die Bibel Berufung nennt. Stellen Sie sich einmal vor: Gott hält für jeden von Ihnen eine ganz persönliche, auf sie zugeschnittene Berufung bereit und es ist ihre Aufgabe, diese zu realisieren.

Ich möchte Ihnen nun noch einmal den ersten Menschen unserer jüdisch – christlichen Tradition nahebringen, der eine solche Berufung erfahren hat, sich auf sie eingelassen hat und so das Abenteuer des Glaubens, die Dynamik eines erfüllten und reichen Lebens erleben durfte. Abraham, der erste Mensch des Glaubens, Abraham der Abenteurer des Glaubens.
Gen. 12, 1-3

1. Und der Herr sprach zu Abram: Geh aus deinem Vaterland und von deiner Verwandschaft und aus deines Vaters Haus in ein Land, das ich dir zeigen will.
2. Und ich will dich zu einem großen Volk machen und will dich segnen und dir einen großen Namen machen, und du sollst ein Segen sein.
3. Und ich will segnen, die dich segnen und verfluchen, die dich verfluchen, und in dir sollen gesegnet werden alle Geschlechter auf Erden.

Was aus dieser Berufung Abrahams geworden ist, wie Abraham gelebt hat, haben wir soeben uns noch einmal vergegenwärtigt. Wir wollen uns nun diese Berufung noch einmal genauer ansehen, und vor allem Abrahams Glaube daran. Wir wollen fragen, was ist denn das Besondere an Abrahams Glaube, das, was ihn zu einem “Abenteurer des

Glaubens" macht? Schauen wir uns zunächst noch einmal die Berufung genauer an. Diese Berufungsgeschichte vollzieht sich in drei Phasen.

*Die erste Phase*: Die Berufung als solche. Wir wissen nicht, wie sich diese Berufung vollzogen hat. Ist sie Abraham nach langen inneren Prüfungen selbst klar geworden? Hat er eine direkte Gottesbegegnung in Form einer Vision oder Audition gehabt? Wir wissen es nicht. Wir wissen aber den Inhalt dieser Berufung: Sie ist verbunden – etwas flapsig formuliert – mit einem Marschbefehl. "Geh' aus deines Vaters Haus." Wenn man die starken Bande der Sippe damals, die alles beherrschende Stellung des Familienpatriarchen, auch die kulturelle Sicherheit und auch den Wohlstand Abrahams bedenkt, ist das eine ziemliche Zumutung. Auch wir brauchen manchmal einen solchen Kick im Leben, um aus gewohnten Lebensumständen auszubrechen und aufzubrechen ins Ungewisse.

*Die zweite Phase*: Die Verheißung. Gott verheißt Abraham einen großen Namen, also Ruhm und Ehre, sowie zahlreiche Nachkommenschaft. "Ich will dich zu einem großen Volk machen". Natürlich ist es Unsinn, eine solche Verheißung 1 : 1 auf unsere Situation heute zu übertragen. Trotzdem drängt sich natürlich die Frage auf, warum, was Ruhm und Ehre betrifft, die Weltgeltung der deutschen Wissenschaft dahin ist und Nobelpreise hierzulande Seltenheitswert haben. Das gleiche Phänomen im Sport. Man kann auch fragen, woran es liegt, dass Deutschland in Europa – Stichwort "ich will dich zu einem großen Volk machen" – die niedrigste Geburtenrate hat. Neulich wurde ich von einem Amerikaner daraufhin angesprochen. Seine Diagnose war: "I think Germans have so few children because they have lost their trust in a good future".

*Dritte Phase: Segen*. Abraham wird zum Segen der Völker. Was für eine Zukunft, die Gott hier eröffnet. Nicht nur das eigene Leben steht unter einem guten Stern, nein, viel mehr: Das eigene Leben wird zum Segen für andere. Wie wunderbar wäre es, wenn jeder von uns hier bei aller gebotenen Bescheidenheit und Vorsicht sagen könnte, dass sein Leben ein Segen für andere sei.

Dieser Dreischritt: Berufung – Verheißung – Segen setzt in Abraham eine ungeheure Lebensdynamik frei, eine Lebensdynamik, die auf dieser großartigen Zukunftsperspektive Gottes aufruht. Das entscheidende aber ist: Abraham hat sich auf diese Verheißung Gottes auch eingelassen, d.h. er hat Gott *geglaubt.* Und genau dieser Glaube an die Berufung, die Verheißung und den Segen Gottes macht Abraham zu einem Abenteurer des Glaubens. Nach unserem biblischen Bericht ist Abraham der erste Mensch, der diesen Schritt in die Zukunft Gottes getan hat. In diesem Sinne ist er in der Tat der erste wahrhaft Glaubende.

## Teil III
## Glaube

Dieser Glaube Abrahmas weist 5 Merkmale auf, die uns auch heute noch als Wegweiser aus unserer angstvollern Depressivität herausführen können.

1. Glaube heißt Grenzüberschreitung. Wir erinnern uns an die lange Reise Abrahams von Ur in Mesopotamien über Ägypten ins gelobte Land. Auch wir lieben es, Grenzen zu überschreiten, zu reisen, wir Deutschen sind bekanntlich auch Reiseweltmeister. Aber entscheidend ist es doch, dass wir die Grenze unserer Angst überschreiten, die Grenze unseres ständing mit-uns-selbst-beschäftigtseins, um offen zu werden. Der dänische Theologe Søren Kierkegaard, der sich sehr mit Abraham beschäftigt hat, spricht vom Glauben als einem Sprung, von einem Sprung von der Sicherheit in die Unsicherheit. Das leitet über zum nächsten Aspekt des Glaubens.

2. Glaube heißt Risikobereitschaft. Abraham ging natürlich ein großes Risiko ein, als er seine sichere Lebenswelt in Mesopoamien mit der Unsicherheit des Lebens

in der Wüste und einem vagen Versprechen einer neuen Heimat vertauschte. Ich kann mir schon vorstellen, dass das zu ziemlichen Konflikten mit seiner Sippe geführt hat. Wir Deutsche sind risikoscheu. Wer bei uns etwas Neues anfängt, sieht sich nicht nur Unverständnis ausgesetzt, sondern muss auch damit rechnen, schnell als Versager eingestuft zu werden, wenn etwas nicht klappt, zumindest muss er sich aber auf die Schadenfreude derer einstellen, die es vorher sowieso besser wussten. Mit der Risikobereitschaft hängt auch der nächste Aspekt zusammen.

3. Glaube heißt die Fähigkeit, mit den Unsicherheiten des Lebens leben zu lernen. Abraham hat in seinem ständigen Unterwegssein vielerlei Unsicherheiten zu bewältigen gehabt. Wie aber kann man aus dem Glauben Unsicherheiten bewältigen? Zumal wir Deutsche ja bekanntermaßen zur Sicherheit neigen. Von Luther stammt eine schöne Unterscheidung, die hier weiterhilft: Er unterscheidet zwischen *certitudo* und *securitas*. Certitudo kann man mit Gewissheit übersetzen, securitas mit Sicherheit. Gewissheit meint nun nach Luther, dass sich der Glaubende in allen Unwägbarkeiten und Wechselfällen des Lebens von Gott getragen weiß. Der Glaubensgewisse steht mitten in den Wechselfällen des Lebens und hält sie aus. Luther hat dies immer wieder auf verschiedene Weise ausgedrückt. Denken Sie an die Anekdote vom Apfelbäumchen, das er pflanzen will, wenn morgen die Welt untergeht, denken Sie an an seine Lieddichtung: "Tobe Welt und springe, ich steh' hier und singe, in gar sichrer Ruh". Das heißt Glaubensgewißheit, certitudo. Daher ist der Glaubensgewisse auch der flexibelste und lernbegierigste Mensch, den man sich vorstellen kann. Denn er stellt sich allen Herausforderungen und er stellt sich ihnen gut, weil er über die innere certitudo, den inneren Stand verfügt. Diese certitudo leitet weiter zum nächsten Aspekt des Glaubens.

4. Glauben heißt: Aus dem Unverfügbaren leben. Wer sich auf den Glauben einlässt, der merkt: Gott ist nicht verfügbar und sein Wirken nicht vorhersehbar! Eher schon verfügt Gott über mich. Abraham musste das in ganz extremer Weise erfahren, als Gott ihm die Opferung seines Sohnes abverlangte. Wir neigen eher dazu, aus dem Verfügbaren zu leben, ja alles verfügbar zu machen und festen Regeln zu unterwerfen. Die Regelwut von uns Deutschen ist ja sprichwörtlich. Wer aber aus dem Unverfügbaren lebt, wird sich immer wieder Situationen ausgesetzt sehen, für die es einfach keine Regeln gibt. Manchmal hat man den Eindruck, dass wir in der Kirche ängstlich mehr aus den verfügbaren Kirchensteuern leben, als aus der unverfügbaren Zuwendung Gottes, die jedem verheißen ist, der sich an ein gottgefälliges Werk wagt. Ein frere Roger Schütz und eine Mutter Theresa haben ihr Werk ohne einen Cent in der Tasche begonnen, ober dafür mit einem großen Glauben an den unverfügbaren Gott. Im Hebräerbrief gibt es eine schöne Definition des Glaubens: Dort heißt es, Heb. 11, 1: "Es ist aber der Glaube eine feste Zuversicht auf das, was man hofft und ein Nichtzweifeln an dem, was man nicht sieht".

5. Glauben heißt von der Zukunft her denken. Abrahams Leitstern, der all seinem Tund und Lassen voranging war die Verheißung eines neuen Landes und einer neuen Heimat. Das war sein innerer Kompass, der ihn durch alle Widrigkeiten unterwegs hindurchgeführt hat. Wenn wir von der Zukunft her denken wollen, müssen wir auch ein solches Ziel haben, das uns als Leitstern dient. Sie entsinnen sich meiner beiden Eingangsfragen?

## Teil IV
## Neue Zukunft

Liebe Gemeinde,

Ich komme mit einer dritten und letzten Frage zum Schluss: Können wir dieses Schema, das wir bei Abraham kennengelernt haben : Berufung – Verheißung – Segen auch auf unser Leben anwenden, unsere Kirche, unsere Uni, unsere ESG, unser Land?
Ich denke, wir können es. Wir haben gegenüber Abraham sogar einen Vorteil. Wir wissen nicht, *wie* Abraham berufen wurde. Wir wissen aber wie wir berufen wurden, nämlich in der Taufe. Die Taufe signalisiert unsere Berufung als Gottes Kinder. Wir haben das Privileg, in die Gemeinschaft mit dem dreieinigen Gott, der Quelle allen schöpferischen Lebens, aufgenommen zu sein. Wir müssen das nur auch im Glauben standing vertiefen und in einer konkreten Berufung Gestalt werden lassen.
Damit tun wir uns in der Kirche leider etwas schwer. Wir müssen die großen lebensgestaltenden Kräfte unsere Tradition viel ernster nehmen und in unser persönliches Leben umsetzen. Vom Glauben und der Berufung war eben die Rede, aber auch Handeln aus Zuversicht und Hoffnung, Nächstenliebe, die Inspiration und anfeuernde Kraft des Heiligen Geistes sind unschätzbare Schätze, die es zu heben gilt.

Liebe Gemeinde,
Der schon genannte dänische Theologe Søren Kierkegaard hat im 19. Jahrhundert mit beißendem Spott eine Kirche gegeißelt, die sich in frommer Behäbigkeit wohl eingerichtet hatte und nichts mehr von ihrer mitreißenden Kraft wusste. Von ihm stammt folgende Parabel:
"Ein Haufen schnatternder Gänse wohnt auf einem wunderbaren Hof. Sie veranstalten alle 7 Tage eine herrliche Parade. Das stattliche Federvieh wandert im Gänsemarsch zum Zaun, wo der beredste Gänserich mit ergreifenden Worten schnatternd die

Herrlichkeit der Gänse dartut. Immer wieder kommt er darauf zu sprechen, wie in Vorzeiten die Gänse mit ihrem mächtigen Gespann die Meere und Kontinente beflogen haben. Er vergaß nicht, das Lob an Gottes Schöpfermacht zu betonen. Schließlich hat er den Gänsen ihre kräftigen Flügel und ihren unglaublichen Richtungssinn gegeben, dank deren die Gänse die Erdkugel überflogen. Die Gänse sind tief beeindruckt. Sie senken andächtig ihre Köpfe und drücken ihre Flügel fest an die wohlgenährten Körper, der noch nie den Boden verlassen hat. Sie watscheln auseinander, voll des Lobes für die gute Predigt und den beredten Gänserich. Aber das ist auch alles. Fliegen tun sie nicht. Sie machen nicht einmal den Versuch. Sie kommen gar nicht auf den Gedanken. Sie fliegen nicht, denn das Korn ist gut, der Hof ist sicher, und ihr Leben bequem."

Soweit Kierkegaards Kritik an der schläfrigen Kirche Dänemarks im 19. Jahrhundert. Trifft diese Kritik auch auf uns zu? Ich denke sie trifft in drei Punkten nicht zu. Unser Korn ist nicht mehr gut und ausreichend, unser Hof ist nicht mehr sicher und unser Leben ist nicht mehr bequem. Wir haben keine Wahl. Wie müssen fliegen. Die Frage ist nur wohin. So wie einst Abraham ausgezogen ist, sollten auch wir in unserem persönlichen Leben aus der Kraft des Glaubens einen Aufbruch wagen, Abenteurer des Glaubens werden. In jedem von uns steckt auch ein Abraham. Und daher möchte ich zum Schluss meine beiden Ausgangsfragen noch einmal wiederholen.

1. Wann haben Sie zuletzt an ihre Zukunft gedacht und sie beherzt in Angriff genommen.
2. Wann haben Sie zuletzt daran gedacht, welches Bild Gott von ihrer Zukunft hat, wozu er Sie berufen hat.

Denken Sie in der kommenden Woche darüber nach, lassen Sie ihre eigene persönliche Berufung reifen. Und vor allem bitte ich Sie um eines: Glauben Sie mir nicht! Ich meine glauben Sie nicht, dass meine drei Stimmungsbilder, die Sache mit den t-shirts und dem

Einschulungsgottesdienst die ganze Wahrheit über unser Land ist. Denn es gibt bereits viele Beispiele von Menschen in unserem Land, die sich auf den Weg Abrahams gemacht haben, in der Kirche und außerhalb der Kirche. Aber diese Beispiele verrate ich Ihnen jetzt nicht. Haben Sie in der kommenden Woche ein Augenmerk auf solche Abenteurer des Glaubens, lernen Sie von ihnen und lassen Sie sich inspirieren. Gehen Sie ihren eigenen Abrahamsweg, Sie können es, denn Gott ist mit Ihnen, Amen.

*Diese Predigt wurde im Hochschulgottesdienst am 24. Oktober 2004 in der Petrusgemeinde in Gießen gehalten.*

## Erfahrung der Stille

### Ps. 62, 1-7

Meine Seele ist stille zu Gott, der mir hilft
Denn er ist mein Fels, meine Hilfe, mein Schutz
Dass ich gewiss nicht fallen werde.

Wie lange stellt ihr alle einem nach,
wollt alle ihn morden, als wäre er eine
Hangende Wand und eine rissige Mauer?

Sie denken nur, wie sie ihn stürzen,
Haben gefallen am Lügen

Mit dem Munde segnen sie,
Aber im Herzen fluchen sie.

Aber sei nur stille zu Gott, meine Seele.
Denn er ist meine Hoffnung.

Er ist meine Fels, meine Hilfe und mein Schutz,
Dass ich nicht fallen werde.

Liebe Gemeinde,

„Gott spricht in der Stille“ ist das Motto unseres heutigen Gottesdienstes. Und man könnte es noch verschärfen: „Gott spricht durch die Stille.“ --- Jetzt müsste ich eigentlich still sein!
Wie verträgt sich die Stille mit unserer Kirche des Wortes? Wort und Stille, wie passt das zusammen?

Die Verkündigung des Wortes Gottes setzt voraus, dass die Wörter dieser Welt, also unsere Sprache, auch ein würdiges Instrument ist. Ist sie das noch? In dem Film Schindlers Liste gibt es eine Szene, in der Oskar Schindler angesichts der Barbarisierung der Sprache durch die Nazis seinem jüdischen Buchhalter sinngemäß sagt: „Müssen wir nicht die Sprache vollkommen erneuern?“ Hat sie sich erneuert? Es soll hier kein Lamento über die Anglizismen und das Aussterben des Genitivs gehalten werden, nach dem Motto, „Der Dativ ist dem Genitiv sein Tod.“ Aber beispielsweise die Trivialisierung, Vulgarisierung, Ökonomiserung und Sexualisierung der Sprache kann schon nachdenklich stimmen. Stichwort Ökonomisierung: Könnten Sie sich mit Sätzen anfreunden wie: „Die Hochschulgemeindegottesdienste sind ein Alleinstellungsmerkmal der Petrusgemeinde.“ Stichwort Sexualisierung: „In der Petrusgemeinde gibt es sexy und geile Predigten.“
Hat am Ende gar diese Entwürdigung der Sprache auch auf die Sprache des Glaubens abgefärbt? Der Wiener Theologe Ulrich Körtner schreibt: „Die Sprache schweigt. Doch wir brechen das Schweigen und teilen es aus unter Bettlern, die vor den Kirchenportalen im Kehrricht nach essbaren Worten wühlen.“ Essbare Worte – Worte von denen die Seele satt wird – gibt es sie noch?
Die Frage nach der Würde und Kraft der Sprache ist zugleich die Frage nach der Tiefe und Kraft der Erfahrung, die sie ausdrückt. Sprache und Erfahrung sind zutiefst miteinander verbunden. Und der Psalter ist ein einzigartiges Dokument, das diesen

Zusammenhang von religiöser Erfahrung und würdiger Sprache – zumal in der deutschen Übersetzung Luthers – zum Ausdruck bringt. Achten wir also auf diesen Zusammenhang, wenn wir uns nun in die Sprache und Erfahrung des Beters von Ps. 62 hineinnehmen lassen.

Ps. 62, 1-7

Meine Seele ist stille zu Gott, der mir hilft
Denn er ist mein Fels, meine Hilfe, mein Schutz
Dass ich gewiss nicht fallen werde.

Wie lange stellt ihr alle einem nach,
Wollt alle ihn morden, als wäre er eine
Hangende Wand und eine rissige Mauer?

Sie denken nur, wie sie ihn stürzen,
Haben gefallen am Lügen.

Mit dem Munde segnen sie,
Aber im Herzen fluchen sie.

Aber sei nur stille zu Gott, meine Seele.
Denn er ist meine Hoffnung.

Er ist meine Fels, meine Hilfe und mein Schutz,
Dass ich nicht fallen werde.

Welche Erfahrung spricht sich hier aus? Von den Alttestamentlern wissen wir, dass es sich bei dem Beter um einen Gejagten und Verfolgten handelt, dem übelwollende Menschen das Leben schwer machen und nachstellen. Er ist auf der Flucht vor diesen Nachstellungen, müde der ungerechtfertigten Anschuldigungen, in die Enge getrieben, angsterfüllt und gepeinigt von Ruhelosigkeit. Und angesichts dieser äußeren Verfolgung und inneren Ruhelosigkeit hat er nur einen Wunsch: Davon frei zu werden und einzutreten in den friedvollen und stillen Raum Gottes. „Meine Seele ist stille zu Gott, der mir hilft." In der Stille des Tempels und in der erhofften Stille seiner Seele sucht der Beter die Erfahrung der Gegenwart Gottes, die ihn von allen Bedrängnissen befreit.

Liebe Gemeinde,
Ist das eine Erfahrung, die sie auch kennen oder machen möchten? Angesichts der eigenen Ruhelosigkeit, des eigenen Gejagt- und Verfolgtseins einzutauchen in die Stille des Tempels und die Stille der eigenen Seele, um die Erfahrung der Gegenwart Gottes zu machen?
Und wenn das so ist, wovon sind Sie gejagt und verfolgt, dass ihre Seele keine Ruhe findet? Es gibt gewiss öffentliche Angelegenheiten und Krisen, die jeden von uns umtreiben und verfolgen. Tag- täglich hören wir von der Finanzkrise, der Energiekrise, der Klimakrise, der Eurokrise, der Schuldenkrise, jetzt auch der Fußballkrise nach der letzten Niederlage gegen Italien. Dazu kommt all das, was uns persönlich als Sorge und Krise immer wieder verfolgt und jagt, selbst wenn es nur das Gebimmel des Handys ist.
Ich bin sicher, Sie sind heute morgen auch in diesen Gottesdienst gekommen, um einmal Abstand zu gewinnen, um an der Kirchentür alle Sorgen, alles Gejagtsein von den Bedrängnissen des Alltags hinter sich zu lassen, um die ständige Betriebsamkeit und Ruhelosigkeit einmal zu unterbrechen, das ständige Handygeklingel einmal nicht zu hören.

Religion ist Unterbrechung, Unterbrechung, um Gott Raum zu geben. „Mein Seele ist stille zu Gott, der mir hilft." Gott Raum zu geben heißt den ersten Schritt zu einer inneren Verwandlung zu tun. Die Erfahrung der Bedrängnis und des Gejagtseins soll sich in die Erfahrung der Ruhe, der Stille, der Sammlung und damit der Gegenwart Gottes verwandeln. Wir haben wunderbare Zeugnisse aus der Kirche von Menschen, die diese Erfahrung innerer Verwandlung in der Stille gemacht haben.

Beeindruckend ist das Beispiel von Augustinus, dem vielbeschäftigten afrikanischen Bischof der Spätantike, der mit seiner Theologie das Abendland maßgelblich geprägt hat. In seiner berühmten Autobiographie, seinen Confessiones schriebt er ganz zu Beginn im ersten Kapitel:

„Du selber reizest an, dass Dich zu preisen Freude ist; denn geschaffen hast du uns zu Dir, und ruhelos ist unser Herz, bis dass es seine Ruhe findet in Dir." Und dieser von Zweifeln, Zwiespalt und Ruhelosigkeit geplagte Augustinus hat diese Ruhe seiner Seele in Gott auch gefunden. Am Ende des 8. Kapitels seiner Confessiones beschreibt er es: In der Stille eines Gartens im Atrium eines Hauses in Mailand, in dem im Hintergrund leise Musik spielt, findet er eine Bibel, schlägt sie auf, liest einen Satz und wie von göttlicher Zauberhand berührt, wird ihm in dieser Stille das Wort Gottes zur verwandelnden Kraft, die das Herz beruhigt und den Verstand erleuchtet: Er schreibt: „Denn kaum war dieser Satz zu Ende, strömte mir Gewissheit als ein Licht ins kummervolle Herz, dass alle Nacht des Zweifels hin und her verschwand."

Und von den großen Kirchenvater Thomas von Aquin ist überliefert, dass er in der Stille einer Eucharistiefeier eine mystische Erfahrung der Gegenwart Gottes machte. Sie war so überwältigend, dass er sein theologisches Hauptwert, die vielbändige Summa Theologica nicht mehr weiterschrieb, unvollendet ließ und fortan nur noch schwieg. Er schrieb: „Ich kann nicht mehr, denn alles, was ich geschrieben habe, scheint mir wie Stroh zu sein im Vergleich mit dem, was ich gesehen habe und was mir offenbart worden ist."

Meister Eckart sagte nach einer Meditation zu seinem Schüler Tauler: „Wenn das, was ich gerade erlebt habe, nicht der Himmel ist, dann weiß ich nicht, was der Himmel sein soll."

Ich persönlich habe zum ersten mal in Amerika eine blasse Ahnung von der schöpferischen und verwandelnden Kraft einer solchen Erfahrung der Stille in Gott und Gottes in der Stille machen dürfen. Als ich mit meiner Familie 1999-2000 an der Universität in Princeton war, ging ich jeden Sonntag in einen Gottesdienst der Quäker. Im Versammlungsraum der Friends, wie man dort zu den Quäkern sagt, gab es keine Kanzel, keine Predigt, keine Orgel, keinen Gesang. Statt dessen saßen die ca. 100 Besucher des Gottesdienstes etwa eine Stunde schweigend zusammen. Sonntag für Sonntag eine beeindruckende Erfahrung, die mich seither nicht mehr losgelassen hat. Vielleicht ist das eine persönliche Marotte von mir. Aber nur vielleicht. Denn als wir im letzten Jahr in der Johanneskirche die Meister Eckhart Nacht durchführten, war auch um Mitternacht vor der Verkündigung des Wortes ein halbstündiges gemeinsames Schweigen in absoluter Stille vorgesehen. Von vielen weiß ich, wie bewegend und im guten Sinne auferbauend sie dies erlebt haben. „Mein Seele ist stille zu Gott, der mir hilft."

Liebe Gemeinde,
um keine Missverständnisse aufkommen zu lassen. Als evangelische Kirche sind und bleiben Wort und Musik die zentralen Medien zur Verkündigung. Und wir sind sehr dankbar, dass wir heute eine so wunderbare musikalische Mitgestaltung im Gottesdienst haben. Das Wort Luthers dazu hat auch heute noch seine Gültigkeit: Zitat Luther: „Ich halte gänzlich dafür, dass nach der Theologie keine Kunst ist, die mit der Musica kann verglichen werden. Denn sie allein tut nach der Theologie das, was sonst die Theologie allein tut: Sie schafft nämlich einen fröhlichen Mut zum klaren Beweis, dass der Teufel – der der Vater aller Traurigkeit ist – vor der Stimme der Musik fast ebenso flieht wie vor dem Wort der Theologie."

Aber neben der Sprache unterliegt auch die Musik der Gefahr der Verflachung durch die Gewohnheit. Und wie in der Frömmigkeit ist auch in der Musik die Tendenz zu beobachten, hinter den hörbaren Klang zurück zu gehen ins Schweigen, um von dort aus in eine spirituelle Tiefendimension vorzudringen, ja um gerade im Schweigen der Instrumente ein Fenster zu Gott zu öffnen.
Schon Anton Bruckner hat in diesem Sinne insbesondere in seinem Tedeum ausführlichen Gebrauch von langen Generalpausen gemacht. Und der Dirigent Herbert Blomstedt sagte anlässlich der Aufführung von Bruckners 8. Symphonie im Bamberger Dom: "Bruckner hat auch oft sehr lange Generalpausen. Und diese Generalpausen bedeuten natürlich gar nicht, dass er nicht weiß, wie es weitergehen soll. Die Generalpausen sind auch Gedankenpausen. Und Gedankenpausen sollte man sich gönnen. Auch wir modernen Menschen brauchen das: nicht immer wieder nur weiter, nicht immer jede Sekunde zwei verschiedene Bilder im Fernsehen... Man muss auch Pausen machen – ein, zwei, drei, vier, fünf Sekunden Pause machen, nachdenken, verweilen bei einem Gedanken. In diesen Generalpausen klingt in der Kirche diese Musik aus, füllt die Kirche mit Klang."
Und auch im concerto grosso von Händel, das wir heute im Gottesdienst hören, haben wir im 3. Satz nach dem Spannungsbogen eine komponierte Pause gehört. Die Pause, die Stille als das Fenster und die Tür zu Gott?
Auf seiner Suche nach dem Göttlichen entdeckte auch der amerikanische Komponist. John Cage die Stille. Und so komponierte er das Stück, das er Tacet nannte, zu Deutsch: Schweigen, bestehend aus drei Sätzen, Tacet I, II, III. Die Länge dieses Stückes ist beliebig, ebenso die Besetzung des Orchesters. Es gibt nur eine Bedingung: Kein Instrument spielt auch nur einen Ton. Die öffentlichen Aufführungen dieser schweigenden Komposition sind ein Lehrstück darüber, wie schwer es uns fällt, das Schweigen auszuhalten und damit den Weg in eine Tiefendimension der Erfahrung zu gehen. Im Jahre 1952 wurde das Stück in Woodstock in Amerika vor einem

skandalgewohnten Avantgartpublikum uraufgeführt. Der Pianist würfelte vor Beginn des schweigenden Konzerts die Länge aus. Er kam auf 4 min, 33 sek. Und so schwieg das Orchester 4 min 33 Sekunden und setzte die überraschten Zuhörer der Stille und den Nebengeräuschen aus. Das Ergebnis war desaströs. Die Aufführung der Stille endete im lautstarken Tumult. Fassungslosigkeit, Unverständnis, Wut und tumultartiges Verhalten war das Resultat. Im Jahre 2004 wurde es erneut aufgeführt, weltweit übertragen von der BBC – es wurde ein großer Erfolg.

Schweigen, Stille, Ruhe, das zeigen diese Reaktionen, ist etwas, das im Zeitalter der akustischen Dauerberieselung ungewohnt ist. Aber mir scheint, dass das Bedürfnis danach steigt, und dass die Zeit des permanenten Dauergeschwätzes in den Talkshows, bei Harald Schmidt, Gottschalk und Dieter Bohlen langsam abläuft . Und so wollen wir heute ein Gegengewicht setzen, und das Fester unserer Seele zu Gott im Schweigen öffnen, „Meine Seele ist stille zu Gott." Und wir wollen dies tun, indem wir uns nun gemeinsam Tacet, 4, 33 von John Cage anhören - gespielt von einem virtuellen Orchester.

*John Cage Tacet I-III Schweigen – 4 min 33 sec.*
*4, 33 Minuten Schweigen*

Liebe Gemeinde,

ich weiß nicht, was sie in dieser Zeit der Stille empfunden haben. John Cage machte dabei die Erfahrung in einem schalldichten Tonstudio, dass die Stille gar nicht so still ist. Er hörte sein Herz schlagen und seinen Atem gehen. Vielleicht erging es ihnen ähnlich. Vielleicht war diese Stille sehr ungewohnt für sie, vielleicht sind sie in die Vergangenheit ausgewandert und haben sich an die letzte Woche erinnert, vielleicht auch in die Zukunft und haben die nächste Woche geplant, vielleicht waren sie aber auch schon bei Braten und Wein Ihres Mittagessens. Oder es entstand Unruhe in ihnen, und die Dissonanzen in der Seele meldeten sich. Vielleicht waren sie auch innerlich verunsichert und haben gehofft, dass diese Leere bald vorbei ist.

Vielleicht war es aber auch eine angenehme Erfahrung der Sammlung und des Zu-sich-Kommens in der reinen Gegenwart des Jetzt mit einer Ahnung der Gegenwart Gottes. Es bedarf der Übung, die Stille in sich selbst zu entdecken und zu kultivieren, so dass sich die Melodien der Seele zu einer Gesamtmelodie des Lebens fügen. Stille will gelernt sein. Ernest Hammingway sagte dazu: „Man braucht 2 Jahre, um Sprechen zu lernen und 50 Jahre um schweigen zu lernen."

Stille ist wie ein moderner Beichtspiegel. Sie hält uns vor, wie wir sind. Sie ist ein Weg zur Selbsterfahrung. Aber wollen wir uns überhaupt selbst erfahren, können wir uns selbst in der Stille aushalten? Flüchten wir nicht auf vielfältige Weise vor uns selbst und damit auch vor der Begegnung unseres Selbst mit Gott? Die Selbstflucht hat viele Gesichter: Flucht in die Vergangenheit, Flucht in die Zukunft. Flucht durch übertriebenen Aktionismus und Arbeitswut, Selbstflucht als Langeweile und Lethargie, Selbstflucht als Selbstdarstellung, Selbstflucht als Flucht in die Anonymität der Masse.
Die Stille – so gesehen – ist ein erster Schritt, diese Flucht zu beenden und zu uns selbst zu kommen. Und indem uns die Stille hilft, zu uns selbst zu kommen und indem sie uns hilft innerlich frei zu werden, hilft sie uns auch, zu Gott zu kommen. Indem wir selbst innerlich leer werden, bereiten wir den Weg, dass wir Gottes voll werden. Indem wir selbst klein werden, bereiten wir den Weg, dass Gott in uns groß werden kann.

Meister Eckhart spricht hier von *vacare Deo* – innerlich leer werden für Gott. Leerwerden, damit er in dieser leeren Stille ganz neu sein Wort in uns zum Klingen und Wirken bringen kann. In diesem Sinne sagt er in einer seiner Predigten zur Gottesgeburt: „Wo dieses Wort gehört werden soll, muß es in einer Stille und in einem Schweigen geschehen. Man kann diesem Wort mit nichts dienlicher sein als mit Stille und mit Schweigen." Das Wort Gottes – das weltschöpferische Wort Gottes, von dem es am Anfang des Johannesevangeliums heißt „Am Anfang war das Wort..." kann auch in der Stille unserer Seele widerklingen. Und daher ist die Stille und das Wort kein Widerspruch. Vielmehr bedingen sie einander. Die Erfahrung, wie wenig wir noch in der Lage sind, die Stille zu ertragen oder gar als gesammelte konzentrierte Karftquelle zu erleben, zeigt uns, wie wenig wir noch die Gegenwart Gottes und seiner schöpferische Kraft in der Tiefe unsere Seele zu realisieren. Warum nicht jeden Tag wenigstens eine halbe Stunde Stille ohne Handy ohne Fernsehen?

Ich wünsche uns allen, dass wir die Erfahrung, die Kraft, die geistige Empfänglichkeit, das Heilende und Inspirierende der Stille in einem Sprung des Bewusstseins in unserem Leben neu entdecken, damit das Wort Gottes in dieser Stille Wurzeln schlägt und unsere Seelen vom Wort Gottes satt werden. So satt werden, dass sie überfließen, ihre Erfahrung neu zur Sprache werden lässt, und die Selbstflucht und das Gejagtsein ein Ende hat: „Meine Seele ist stille zu Gott" Amen

*Diese Predigt wurde im Juli 2012 im Rahmen der Hochschulgottesdienste in der Petrusgemeinde in Gießen gehalten.*

Printed by Books on Demand GmbH, Norderstedt / Germany